中国博士后科学基金第71批面上项目"网络舆论中的情感传播与情感实践研究"

|光明社科文库|

互联网群体的情感传播与治理研究

马广军　王俊义◎著

光明日报出版社

图书在版编目（CIP）数据

互联网群体的情感传播与治理研究 / 马广军, 王俊义著. -- 北京：光明日报出版社, 2023.8
ISBN 978-7-5194-7413-3

Ⅰ.①互… Ⅱ.①马… ②王… Ⅲ.①互联网络—传播媒介—研究 Ⅳ.①G206.2

中国国家版本馆 CIP 数据核字（2023）第 161788 号

互联网群体的情感传播与治理研究
HULIANWANG QUNTI DE QINGGAN CHUANBO YU ZHILI YANJIU

著　　者：马广军　王俊义	
责任编辑：史　宁	责任校对：许　怡　乔宇佳
封面设计：中联华文	责任印制：曹　净

出版发行：光明日报出版社
地　　址：北京市西城区永安路 106 号，100050
电　　话：010-63169890（咨询），010-63131930（邮购）
传　　真：010-63131930
网　　址：http://book.gmw.cn
E - mail：gmrbcbs@gmw.cn
法律顾问：北京市兰台律师事务所龚柳方律师
印　　刷：三河市华东印刷有限公司
装　　订：三河市华东印刷有限公司
本书如有破损、缺页、装订错误，请与本社联系调换，电话：010-63131930

开　　本：170mm×240mm	
字　　数：177 千字	印　张：12
版　　次：2023 年 8 月第 1 版	印　次：2023 年 8 月第 1 次印刷
书　　号：ISBN 978-7-5194-7413-3	
定　　价：85.00 元	

版权所有　　翻印必究

序

当互联网媒介迅速普及的时候,很多人没有看到互联网媒介与传统媒体的根本性差异,媒体行业及媒体教育者曾经普遍认为其只是报纸、广播、电视等媒介的高级形态。在这样的认知下,传统媒体面对互联网的时候依然"新瓶装老酒"。然而,随着时间的推移,人们发现互联网媒介超越了人们对"媒体"的原有理解,它在很多方面完全超出了传统媒体的范围,以前被传统媒体所忽略的因素在互联网媒体上迅速崛起,如群体、情感等。而这也是开展本研究的背景和意义。

如今,互联网对全社会产生的巨大影响已无X须赘言。仅从新闻传播学领域来看,互联网对信息生产、信息传播等方面产生了翻天覆地的影响。互联网媒介所具有的传播特性与广播、电视等大众传媒有着本质上的差异。从传播主体来看,每一种媒介都会相对应地产生一种传播组织类型,如口语与文字媒介的人际传播,印刷与电子媒介的大众传播。而互联网的普及并未形成研究者最初预想的"点对点"式人际传播形态,也未弥补不同社会阶层的信息鸿沟,在互联网媒介技术及社会思想、政治、经济等多重因素的作用下,更多地呈现出人以群分的群体传播特征,各群体之间的认知差异拉大。其信息传播已经不再是以专业化信息生产和传播机构为主的面向同质化受众的"点对面"式单向的大众传播,而是人们以兴趣、爱好、观点和态度等维度在互联网上结伴而居，形成"无组织的组织力量"的群体传播。

在互联网普及的今天，善于制造共识的大众传媒的传播力不比昔日，日渐式微，基于血缘、种族、国家、兴趣、爱好等特征的不同群体借助互联网而得以重新焕发传播与关联的生机，人们在网络上寻找着与传统群体既有区别又密切相关的互联网"姆庇之家"，基于原有社会的群体关系进入网络空间，但也遭到了互联网的重构。同时，互联网通过文化资本与文化区隔等方式形成了众多的小众群体和亚文化群体。相较于个体，群体容易冲动、易受暗示，情绪因素远大于理性。社会心理学研究表明，人类为了生存与发展，形成了部落等群体，相应地，当人们进入群体时，"情绪和思想不约而同地指向同一个方向，而原本自觉的个性则逐渐消失"[1]。互联网群体传播和其他传播组织形态相比，具有"弱事实、重情绪"的情绪化传播特征，其具有传播行为的自发性、传播主体的平等性、信息流动的交互性以及信息来源的不确定性，使情绪成了互联网群体传播的主要诉求点和传播动力。群体传播的情绪化特征与大众传播时代对于媒介专业主义的价值操守是不同的，媒介专业主义是以客观、公正、事实等为价值准绳的，而在互联网信息传播当中事实等因素都被极大地弱化。

互联网群体传播的形成有着媒介技术的原因，同时也有心理需求和社会文化等多重原因，媒介和文化的互动共生关系以及文化对于群体传播的推动作用，文化的区隔性和文化的过程性属性是群体传播形成的社会土壤。互联网群体传播的形成，使各类互联网服务应用软件和信息内容都呈现出了满足特定群体的"垂直化"特征。而网络舆论中的群体分化及群体极化等现象更是互联网群体传播对

---

[1] 古斯塔夫·勒庞. 乌合之众：群体心理研究 [M]. 段鑫星，译. 北京：人民邮电出版社，2016：14.

社会"分化"的影响表现。以情绪、观点大于事实、真相为表征的"后真相"社会，其背后也是群体传播到来的深层原因。互联网群体传播时代，网络舆论出现了缺乏共识和标准的现象，不同群体之间的舆论陷入了难以对话的困境，进入了彼得斯所言的"交流的无奈"的状态。

互联网的群体传播和情感传播使得当下舆论呈现出了较强的"非理性"色彩。然而这并不意味着非理性都是不好的，民众的非理性才是历史前进的深层动因，尽管理性永远存在，但文明的动力仍然是各种感情，就像尊严、自我牺牲、宗教信仰、爱国主义以及对荣誉的爱这些东西。所以，我们的问题应该是"后真相"时代应该如何将泛滥的情感宣泄进行有效引导，发挥非理性的最大价值，实现社会新型共识。

王俊义副教授作为本书的合作者，主要负责第六章、第七章、第八章、第九章等相关内容的研究和撰写，在此一并感谢。

马广军
2022年12月

目 录
CONTENTS

第一章 绪论 ………………………………………………… 1
  第一节 研究背景 ………………………………………… 1
  第二节 研究理论与方法 ………………………………… 4
  第三节 研究创新点 ……………………………………… 12

第二章 互联网时代的群体建构和群体传播 ……………… 13
  第一节 媒介与传播组织类型的历史演变 ……………… 13
  第二节 互联网媒介时代的群体——无组织的组织力量 … 19
  第三节 从大众传播到群体传播 ………………………… 22
  第四节 互联网时代社交媒体的回归 …………………… 28

第三章 媒介环境学视域下互联网群体传播成因 ………… 36
  第一节 互联网媒介技术主导下的群体关系转向 ……… 36
  第二节 认同的社会心理需要 …………………………… 44
  第三节 社会文化的群体区隔影响 ……………………… 48

第四章 互联网群体的情感认同 …………………………… 53
  第一节 互联网情感研究及情感转向 …………………… 53
  第二节 互联网群体的情感认同及其机制 ……………… 59

第五章　互联网群体情感认同中的社会关系和中国语境 …… 66
第一节　原有社会群体关系在互联网中的延伸与演变 …… 66
第二节　互联网媒介与中国传统社会群体关系的调适 …… 69

第六章　互联网群体的情感传播及其表现 …… 73
第一节　"弱事实、强情绪"的互联网传播 …… 73
第二节　群体传播与情感传播视角下的网络语言 …… 77
第三节　群体传播视角下的网络段子及其传播机制 …… 85
第四节　案例：网络短视频中的情感传播逻辑、认同与路径 …… 102

第七章　互联网群体情感传播的生成机制 …… 113
第一节　情感是人类信息传播的手段和诉求 …… 113
第二节　情感传播的互联网技术机制 …… 115
第三节　案例：网络 ASMR 视听中的亲密情感建构 …… 118

第八章　互联网情感传播的影响 …… 128
第一节　群体分化与群体极化 …… 128
第二节　互联网时代信息交流的无奈 …… 133
第三节　互联网传播中的情感消费 …… 139
第四节　案例："进城者"媒介乡土建构中的情感与消费 …… 140

第九章　情感传播的舆论治理及主流舆论引导力建设 …… 157
第一节　网络舆论治理的理论范式转向 …… 157
第二节　互联网时代主流媒体舆论引导力建设 …… 162
第三节　案例：互联网时代中国纪录片创作的国家认同与情感表达 …… 165

参考文献 …… 174

第一章

绪 论

第一节 研究背景

2020年初,突如其来的新型冠状病毒席卷全球,给人们带来了极大的恐慌。此次疫情的媒体报道和舆论同样产生了一些有趣的现象:疫情之初,国内传统主流媒体和互联网社交媒体形成了不同的舆论氛围和信息功能,传统主流媒体承担舆论引导和信息澄清功能,而互联网社会媒体快速反应,积极参与到信息的发布和扩散当中;一些话题将不同群体之间思维和认知上的巨大差异暴露出来,如"怎样劝父母戴口罩"等,体现出了疫情之初不同年龄群体对待疫情的不同态度;舆论当中的情绪传播远远胜于事实传播,人们的恐慌、愤怒等情绪弥漫舆论场,情绪成为疫情防控期间信息传播的重要因素。如国家传染病医学中心主任、复旦大学附属华山医院感染科主任张文宏曾呼吁人们多喝牛奶提高免疫力,但该话题最终偏离了医学领域,引发了喝粥和喝牛奶的舆论风波,成为是否"崇洋"情绪的舆论场。在此次疫情的信息舆论场中,呈现出了社会多方群体共同参与的现象,通过相互交锋、协商、澄清等方式造就了一个纷繁复杂的舆论环境。舆论的分裂、社会群体的对立、情绪的蔓延、信息的博弈,充分展示了互联网媒介的传播特性,媒介对社会的巨大影响再次被凸显出来。

而关于媒介对人和社会的影响，历史上的哲学家早就有了敏锐的感触与发现。1882年，因视力严重下降，哲学家尼采购买了一台打字机。在其使用打字机进行写作后，读者发现其文体风格、思想表达都与之前有明显差异。尼采自己也体验到新的书写技术会使自己的思想萌发新生的感觉，便发表了那句经典的论断："我们的书写工具作用于我们的思想。"① 他的这句话被后来的众多媒介伦理学家用于论证媒介技术对人类的深刻影响。纵观人类社会包含信息传播媒介在内的科学技术演变，每种科学技术的发明和使用，都会让使用者的某些特质有所增减，也会对人类思想产生相应的影响。我们对历史的划分经常会以一些重要科学技术的发明为界线，比如我们以能否使用磨制石器为标准划分新旧石器时代，以农业器具的产生划分农业时代，接下来又有了以蒸汽机为代表的工业时代和以电力生产为标志的新工业时代，直至当下以互联网为代表的新一轮信息革命时代，都在说明科学技术对社会产生的重大变革和影响。在此可以借用马克思的经典论断来予以说明：手推磨可能标志着封建社会，蒸汽磨则标志着工业资本的社会。科学技术的发展与社会文化、社会思潮有着密不可分的关系，科技成果和社会环境之间也相互产生作用。也有很多学者就科学技术与人类社会思想之间的关系进行了很多研究，如美国学者刘易斯·芒德福所著的《技术与文明》，马歇尔·麦克卢汉撰写的《机器新娘——工业人的民俗》和《理解媒介》，哈罗德·伊尼斯的《传播的偏向》和《帝国与传播》等，都属于此类经典研究著作。

回顾人类社会的媒介演变，我们自然会感觉到每种媒介的发明与普及给人们带来的生活方式的变化，这种变化不仅是在信息的呈现方式、生产和接收、传送时效等微观层面，也会在更为广阔的层面产生影响。根据媒介的交替发展，麦克卢汉借鉴了奥古斯特·孔德的理论，把近几个世纪的历史分为三个阶段：部落时代，其特征是使用口头媒介，交流

---

① 于成. 打字机、女秘书、计算机与思想的生成 [J]. 读书, 2019 (2): 68.

充分，参与积极；印刷时代，其特征是不再依赖口头传播，结果导致了人们的线性、自省和个人主义；电子时代，即我们正在进入的时代，视听迫使人们部分回归口头传播和部落时代。① 暂且不论麦克卢汉三个阶段的划分是否合理准确，但他对不同媒介及其产生的社会思想之间关系的关注给予我们有益的启发。

互联网自 20 世纪 50 年代产生后，从单纯军事用途到如今走入千家万户，其媒介功能历经媒体平台阶段、媒体阶段、交互平台阶段和分享平台阶段，正在走向智媒体、全媒体，被称为新一轮网络技术革命。相较于广播、电视等大众传播，其所呈现出来的信息生产机制、传播方式和接收关系都有很大变化，对政治生态、经济方式、社会心理及文化关系等众多方面产生了巨大的影响，深刻地改变了生产方式、生产关系和全球化进程。以个人为基本单位的传播动力，个人对社会传播资源能力的操控，个人被湮没的信息偏好和需求，个人闲置的各类资源都在互联网社交媒体之中被激活。② 在人人都能表达的互联网社会环境中，出现了一些我们未曾预料的情况：从宏观角度来看，对传统社会所倡导的全球化以及自由、开放、包容等核心价值观念有所摒弃，曾经被人们孜孜不倦追求的具有普世性的"共识"遭遇到了极大的冲击，在网络舆论中各个国家、地区的保护主义和民族主义抬头，政治上的孤立主义以及社会底层民众的民粹主义逐渐显现，世界呈现出支离破碎、共识难再的状态。从中观角度来看，互联网媒体在信息传播过程中，所传达信息内容的准确性、真实性在弱化，而对于信息所带有的"意义"和"偏向"日益凸显，即观点、情绪、立场等主观情感因素已经成为网络传播时代的重要传播诉求和特点，呈现出了鲜明的"情感化""情绪化"传播特征，互联网舆论众声喧哗却难以形成理性思考和社会共识；传统意义上

---

① 埃里克·麦格雷. 传播理论史：一种社会学的视角 [M]. 刘芳，译. 北京：中国传媒大学出版社，2009：67.
② 喻国明，等. "个人被激活"的时代：互联网逻辑下传播生态的重构——关于"互联网是一种高维媒介"观点的延伸探讨 [J]. 现代传播（中国传媒大学学报），2015，37（5）：1-2.

的大众媒体在面对互联网时代时，无论是在技术渠道层面还是内容层面都遇到了很多问题，所谓的媒介"融合"推进多年但效果不甚理想，渠道优势和内容优势都在衰退，受众仍在持续流失。从微观角度来看，每个人会根据自身的习惯和爱好来选择使用网络应用，会被按照各种维度归于特定的"群"当中。无论是当下的社会思潮、信息传播还是人们具体的网络使用状态，人们总以特定的标准和维度形成"人以群分"的状态，通过特定的维度进行群体认同，并与其他群体区隔开来。"群"如同水和空气一样成了互联网生态中的基本物质，协调着人们处理社会事物和日常生活，人们可以让原有的群体关系在互联网上延伸和扩大，也可以在互联网上根据一种新的认同标准而缔结成群，甚至可以因为一个临时的目标与陌生人成群。

著名的里德定律指出，互联网的价值在于群体的构建。如今互联网媒介的普及与社会变化、信息传播中的群体化及群体传播现象凸显，关于互联网和群体传播之间的关系、互联网群体传播形成的原因、特点和影响等基础理论都值得我们关注。本书出版的意义在于：第一，把研究重心从互联网媒介技术本身转向了传播主体及其组织形态上，从传播主体组织形态变化的角度切入互联网媒体传播研究，试图通过对互联网媒介技术与信息传播主体组织形态的变化进行交互研究，以及对比分析互联网群体传播的特点、认同机制和引发的影响等。第二，为避免陷入媒介技术机械决定论，充分利用媒介环境学的研究视角，从媒介技术、心理需求和社会文化等方面，综合考察互联网媒体时代群体传播形成的媒介、心理、文化等方面的原因，力求使研究全面且可信。

第二节　研究理论与方法

通过对目前关于互联网新媒体、社会群体等方面的研究进行梳理发现，新媒体理论研究者在面对互联网群体传播这个研究领域时过多关注媒介技术层面，而社会群体研究者们则更多关注群体心理、认同机制等方面，对于互联网媒介特性、信息生产及传播机制、效果等方面的研究较多，但对互联网媒介时代传播主体所形成的组织形态的变化关注较少；在网络媒介对人的社会关系和传播主体组织形态的影响研究方面，缺乏深厚历史视野，对技术、环境、媒介、知识、传播及文明缺乏整体观照；对互联网的媒体属性关注较多，缺乏人文关怀和社会现实观照，对媒介长效而深层的社会、文化和心理影响等研究不足。

在涉及传播的研究中，有坚定的技术决定论者，也有社会和文化决定论者。前者认为技术决定或者操纵思维，有什么样的技术就会有什么样的思维和文化。后者则认为技术是从属于特定的社会政治、历史和文化环境，受制于文化和环境。而在互联网群体传播的研究中，既有媒介演化及互联网媒介特性所带来的技术原因，也有人们对群体化生存的心理需求，同时也受制于社会文化，并对社会文化具有一定的再造功能。无论是单纯的媒介技术研究还是社会群体研究都无法全面、可信地考察互联网群体传播形成的原因、特征及影响，需要一种更为广阔的媒介研究理论和视角。

媒介环境学为我们提供了一种比较均衡的观点，这是本文的研究视角和理论基础。在很长的研究进程中，传播学研究主要分为经验学派和批判学派，其相关研究成果颇丰，并在包括中国在内的世界传播学研究领域有重大的影响。经验学派从维护现有社会秩序和社会利益出发，聚焦于媒介的传播效果和影响，服务于社会政治、商业运营，缺乏对于媒介技术本身的反思。批判学派则与其相反，站在对资本主义进行反思和批判的角度，以宏观的哲学思维对传媒、文化工业进行批判和反思，揭示了传媒对人和社会的控制和影响，具有强烈的人文主义情怀。然而，批判学派对媒介自身所具有的社会价值和意义，以及媒介演进对人、文化、社会等方面的冲击与重构等方面缺乏关注。同时无论是经验学派还是批判学派，在对互联网群体传播这个领域的研究中，缺乏群体需求、群体认同等心理机制的关注，也缺乏社会群体与社会文化联系的研究，媒介环境学的视角正好弥补了这种不足。在媒介环境学的研究视域中，媒介即环境，从包含媒介在内的技术文化史的视角，阐释和思辨媒介技术、人与文化的关系，以及媒介对人类社会的影响，即认为媒介技术的变迁在塑造政治、经济和文化等方面有着非常重要的作用；同样地，人类社会特征对塑造技术、媒介使用等方面也会产生巨大的影响。

20世纪60年代，伴随着新媒介技术和全球化趋势的发展，以麦克卢汉为代表的媒介学者曾经提出的论断被不断证实，人们开始审视其研究理论和研究视角，发现其研究与传统上的经验学派和批判学派都是不同的，其所谓的媒介技术控制学派逐渐独立于经验学派和批判学派，形成了传播学研究的第三种派别。著名的美籍华裔教授、媒介环境学派研究者林刚编著的《媒介环境学——思想沿革与多维视野》于2007年翻译出版，至此媒介环境学研究出现在了国内的传播学研究当中，引起了极大的关注。

媒介环境学被认为是麦克卢汉首创，使用它唯一的地方是在私人信件中。他说："为了促进媒介环境的平衡，每一种文化都有必要限制使用某些媒介。这体现了他对信息环境和媒介功能的关切。"[①] 20世纪60年代，美国著名媒体研究学者尼尔·波兹曼（Neil Postman）在纽约大学创立了Media Ecology专业，这标志着以文化与媒介技术为核心研究对象的媒介环境学诞生了，"将媒介作为环境的研究"，并将其定义为"媒介是复杂的信息系统，媒介环境学试图揭示其隐含的、固有的结构，揭示它们对人的感知、理解和感情的影响"[②]。并进一步补充："媒介环境学研究人的交往、人交往的讯息及讯息系统。具体地说，媒介环境学研究传播媒介如何影响人的感知、感情、认识和价值。它试图说明我们对媒介的预设，试图发现各种媒介迫使我们扮演的角色，并解释媒

---

① 林文刚. 媒介环境学：思想沿革与多维视野 [M]. 何道宽, 译. 北京：北京大学出版社, 2007: 47.
② 林文刚. 媒介环境学：思想沿革与多维视野 [M]. 何道宽, 译. 北京：北京大学出版社, 2007: 27.

介如何给我们所见所为的东西提供结构。"① 该学派学术思想源远流长，其代表人物除了麦克卢汉、波兹曼，还有伊尼斯、沃尔特、哈弗洛克、雅克·艾吕尔等。

林文刚认为媒介环境学"旨在研究文化、科技与人类传播之间的互动共生关系"，研究媒介系统，"重点是传播媒介的结构冲击和形式影响"，它"还关心媒介形式的相互关系、媒介形式与社会力量的关系以及这些关系在社会、经济、政治方面的表现"。② 媒介环境学派有深邃的历史视野和强烈的人文主义关怀，重点有以下几方面的认知：第一，在对媒介属性和功能分析的基础上提出了"媒介即环境"的论断，对媒介技术特性、媒介偏向进行重点分析，认为媒介的技术特性制约和影响着信息的选择、编码、传递和接收方式与效果；每种媒介都会对人们的思维习惯、认知方式产生影响，这势必也会对社会结构、文化演进有着重大影响。第二，通过对媒介演进历史的观察，分析媒介技术与社会文化的互动共生关系，重点阐释了媒介发展的偏颇和趋势。波兹曼提出了"媒介即隐喻"③ 的理论，认为除了现实环境，还存在一个由语言、技术等符号所构造的虚拟环境，而媒介用这种隐蔽且强大的符号系统来实现对现实的定义。社会文化存在于这种定义当中，每种媒介塑造一种与之相匹配的社会文化，而这也是社会文化的变迁机制。第三，媒介变革会对社会产生影响，强调媒介技术的发展与变化是人类历史变化的一种重要动力因素。社会主导媒介所具有的属性偏向也会导致这个社会的偏向，媒介不仅是一种信息流动的介质，其对社会的影响远比其传播内容对于社会的影响更大，一种新媒介的发展和普及，会导致社会文化的变迁与重构，媒介的变迁也是不同文化和社会形态的重要区分

---

① 林文刚. 媒介环境学：思想沿革与多维视野 [M]. 何道宽，译. 北京：北京大学出版社，2007：23.
② 林文刚. 媒介环境学：思想沿革与多维视野 [M]. 何道宽，译. 北京：北京大学出版社，2007：1.
③ 尼尔·波兹曼. 娱乐至死 [M]. 章艳，译. 桂林：广西师范大学出版社，2004：13.

标志。

综合来看，媒介环境学具有如下一些特点：第一，具有深厚的历史视野，研究的跨度较大，包含对技术、环境、媒介、知识、传播、文明的关注。第二，其研究范围主张泛技术论、泛环境论、泛媒介论，关注重点是媒介，并不是概念较为狭隘的媒体。第三，其研究重视媒介所形成的长效而深层的社会、文化和心理影响。第四，其研究怀有深切的人文关怀和强烈的现实关注。这样的研究视角和理论基础可以让我们在分析媒介技术和传播主体组织形态时不会顾此失彼，可以兼顾技术和社会文化因素。胡泳认为，技术与社会之间的关系是一种较为复杂的辩证关系，媒介等技术的发展受制于社会，又影响社会。包括媒介在内的所有技术并不是与价值无关的抽象工具，而是根植于特定的社会情境之中，多种社会价值因素决定了媒介技术的演化。互联网作为一种具有强大重塑力量的新媒介，其对信息传播、社会生活已经产生了巨大的影响。正因为媒介环境学理论具有多重优势，本书将充分利用媒介环境学的研究视角来阐释互联网群体传播形成的媒介技术、心理需求、社会文化等原因，以及其所具有的传播特征与社会影响。

本书定位于基础理论研究，对互联网媒介时代群体传播的转向成因、特点、认同机制及影响做出学术上的观察、分析和阐释。所涉及的研究领域包括媒介学、传播学、社会群体、社会文化等方面，涉及面较为广泛，使用的学科及理论相对较多，具体使用到的研究理论主要包括网络社会学、新媒体理论、社会群体理论、传播理论、社会文化理论等，一些地方也会涉及语言学、符号学等理论。

本书在研究方法上，整体采用人文—历史—哲学的思维方式，以思辨方法为主，与文献梳理相结合，以国内外关于网络社会、互联网新媒体、社会群体、传播学等研究成果为基础，通过比较分析对研究对象的本质和特征进行探究，并对相关理论加以必要的整合。在一些具体的局部研究中也会采用案例分析、内容分析等实证方法，对相关分析予以验证，使研究与现实情况密切结合起来，使理论研究具体、生动。本书总体上以定性研究为主，即充分运用归纳、演绎、分析、综合、抽象、概括等方法对研究对象进行"质"的方面的分析，对获得的各种材料进行思辨和分析，从而由此及彼、由表及里，达到认识事物本质、揭示事物内在规律的一种研究方法。具体研究方法说明如下。

第一，本书主要使用文献分析法和思辨诠释方法进行研究。文献研究主要是收集、鉴别、整理与本书内容相对应的文献资料，对获取的相关文献资料进行分析和研究。从传播学研究来看，包括媒介研究在内的传播学研究领域，大体有实证研究、诠释和批判研究，社会科学领域使用实证研究较多，而人文学科对诠释、批判研究使用较多。互联网群体传播这个研究领域属于媒介文化范畴，其研究采用定性研究范畴中的思辨诠释和批判研究方式，而媒介环境学的研究视角和理论基础也正是思辨诠释和批判研究方式的代表。首先是以文献分析的方法通过对互联网群体传播涉及的网络社会理论、互联网新媒体理论、社会群体、社会文化、传播理论等研究经典文献成果进行梳理，同时也会收集、使用一些新近的、前沿的研究成果，批判地吸收、借鉴其研究成果，找出媒介技术演化与传播组织类型的关系，社会群体与媒介技术、心理需求、社会文化的多维度形成因素，对互联网与群体传播的勾连机制进行诠释性的研究。其次是以思辨诠释的方法对包含互联网在内的媒介、传播组织类型以及其相互关系开展宏观研究，探讨互联网媒介之于其他媒介的本质差异，以及由此导致传播组织类型的变化和其导致的传播特点、社会影响。以比较研究和思辨诠释的方法，重点对媒介演进所形成的传播主体组织形态变化进行分析，阐释互联网传播时代的传播组织类型是群体传播，并以媒介环境学为研究视角和理论基础，结合包括媒介技术发展历史和互联网媒介特性，从媒介技术、心理需求、社会文化三个维度来论证互联网群体传播的形成原因。最后是以比较研究和思辨诠释研究总结互联网群体传播的情绪化传播特点，以及其对信息传播领域、社会群体所具有的"分化"的社会影响。

第二，本文在研究中也采用了案例分析法，使得研究与互联网现实情况紧密联系起来，让研究生动、具体、可信。案例分析是指选择与互联网群体传播相关的现象进行分析，找到其发展过程、内外因素等的相互关系，以形成深入全面的认识和结论。本研究对一些典型网络舆论热点案例进行分析和比较，深入探讨互联网媒体时代信息传播主体群体化转向的实践机制和过程，具体分析互联网群体传播的媒介技术、心理需求、社会文化的成因及传播特点和社会影响。本研究中的案例研究以每章节论述的主题密切相关，形式上为单独成节的个案研究，如在互联网群体情感认同中的社会关系和中国语境一章中对中美贸易摩擦中的舆论进行单独研究，旨在通过中美贸易摩擦中的舆论所呈现出来的传播特征和群体认同机制，来论证互联网群体传播的情绪化传播特点和情感化的认同机制；在互联网时代的群体建构和群体传播一章中，对互联网时代粉丝群体进行单独分析，通过粉丝群体从"着迷"到"成群"的转变，探析互联网媒介对粉丝的"类组织化"群体形成产生的技术动力，来论证互联网媒介与群体传播的内在关联。同时，案例研究也会零散地出现在各章节的论述过程中，与整体研究与论述紧密结合。

在案例分析研究过程中，使用到了民族志方法中的参与和观察。民族志作为人类学常用的一种独特研究方法，是通过对人群的田野工作基础上的第一手观察，并形成关于他们生活习俗的考察研究。互联网群体传播中所使用的案例分析，如中美贸易摩擦中的舆论、"屌丝"群体以及粉丝群体等，会通过微博、贴吧、论坛等网络平台进行网络民族志观察。

因本书是研究互联网媒介和群体传播关系的，在案例分析中需要对互联网媒介与其他媒介的信息内容进行分析比较，内容分析法可以通过对文本特征进行系统而客观的识别和分析，填补了民族志参与观察中对文本信息等微观内容层面关注不足的缺陷。文本分析法主要用于所选用案例中的信息内容进行分析，如对互联网传播中的信息文本内容与传统大众传媒信息文本内容进行比较分析，探寻互联网群体传播信息表达的特点。

在案例研究中，除了自己的参与观察和内容分析，还会批判性地借鉴和使用一些已有的研究成果，从另一方面验证、补充本书的研究。如在对中美贸易摩擦舆论案例进行分析时，也补充使用了国内外两个著名社交媒体平台关于贸易摩擦舆论的研究成果，分别是李世豪等人所撰写的《新浪微博视阈下网络舆情实证探析——以中美贸易摩擦为例》和韩运荣撰写的《Twitter涉华舆情极化现象研究——以中美贸易争端为例》，使研究分别从两个当事国家的主要社交平台得以论证，让研究最大可能地保持平衡、客观、可信。

第三，在局部研究中会使用到语言学分析。互联网与传统意义上的大众传媒相比，势必会在信息传递的语言上产生差异，而互联网时代群体传播在语言差异上更为显著，语言会成为某一类群体进行群体识别的工具，也会成为不同群体之间区隔的标志，从语言学角度来论述互联网群体传播和其传播特征也是有益的视角。

第四，虽然本书以质化研究为主，但在局部也有一定的数据化的定量研究，会对国内外有关互联网传播的研究调查报告进行综合分析，对相关数据进行整理利用，以便从历史纵向变化来考证媒介技术演化与传播特点变化的关系。参考的报告主要有国家互联网信息办公室于2019年8月发布的第44次《中国互联网发展状况统计报告》，RAND（美国兰德公司）2019年发布的《事实的衰退：近30年间纸媒与网媒新闻报道的比较性研究》（*NEWS IN A DIGITAL AGE*：*Comparing the Presentation of News Information over Time and Across Media Platforms*）等。这些报告中的数据权威、可信，能够比较真实、客观、全面地反映互联网传播的发展情况。从这些报告中摘取、引用与本书相关的数据，为本书提供了有力、可靠的论据。同时在一些局部数据上，也会使用国内一些较为知名、权威的期刊研究成果，其数据也相应地较为可信。

总体而言，本书以媒介环境学为研究视角和理论基础，站在更为深邃、宏大的历史视野和强烈的人文主义关怀立场上，以人文—历史—哲学的思辨诠释、文献分析等定性研究方法为主，兼以案例分析、内容分析等方法为辅，对互联网群体传播形成的媒介技术、心理需求、社会文化三个维度进行考察，并探讨了互联网群体传播情感化的传播特征和分化的社会影响。

第三节　研究创新点

主要创新点有两点：第一，将研究对象置于网络媒介的传播主体组织形态变化上，即对网络媒介时代群体传播的形成进行研究和论述，从传播组织形态的角度审视网络媒介的变化，以及网络群体传播的影响等。研究者对互联网媒介的研究多集中于媒介技术、传播属性、传播特点等方面，但忽视了互联网媒介传播所带来的组织形态的变化，使我们缺乏从"人"的角度去观察互联网的视角。第二，研究使用媒介环境学视角和泛媒介思维，综合应用网络社会学、新媒体理论、社会群体理论等，对技术、环境、媒介、社会和传播进行总体观照，在论证媒介变迁导致传播主体形态变化的时候，也要关注社会文化、心理方面与媒介属性的互动，梳理媒介变迁与传播组织形态演进历史，试图在网络媒介群体传播的形成与影响方面有一些理论突破与贡献。

因本书偏向基础理论研究，对理论深度要求较高，涉及学科范围较广，包括社会学、传播学、媒介学等，需要较强的文献分析能力和思辨能力，同时对于互联网媒体和群体之间关系的互动论述也是本书写作过程中的难点。此外，在互联网尚未极大普及的时候，传播学研究中已经有群体传播的相关理论，当时群体传播作为一个不被关注的传播组织类型而存在，但在今天面对互联网传播时代，其原有理论的概念、内涵以及外延是否能够和互联网时代群体传播相匹配，也是值得重点考虑的一个问题。要解决这些难点，就要求研究者阅读大量相关学科的论述，并对互联网媒体发展有着持续、细微的观察、分析和比较研究。

第二章

互联网时代的群体建构和群体传播

尽管依然被纳入媒体范畴，但以互联网技术为代表的新媒体涵盖范围已经远远超出了我们传统上所理解的媒体。传统媒体的渠道、终端垄断被打破，其擅长的内容生产被冲击，不仅因为互联网媒介在渠道、内容方面的优势，更因为它是包含了终端、内容、关系、服务等各个环节的全新产业链条和平台。曼纽尔·卡斯特已经将互联网置于社会层面，而不是媒体层面，他认为："由毛笔书法寄情不朽，历经铅笔、钢笔与圆珠笔到今天之电脑输入，这不只是书写工具之更新，更说明了网络社会的浮现：符号已经是生产力本身，心智与机器、象征与技术也有了重新互动的机会了。"① 互联网媒体凭借着其特有的媒介特性，重新解构社会及人们的关系，形成了以群体为单位的传播形态。

第一节 媒介与传播组织类型的历史演变

如果说人类社会交往史是一部媒介史，而媒介又决定了一种关系，那么媒介的演变就是关系的变化，每种媒介所形成的关系及组织类型都是值得我们关注的。人类社会历经了口语媒介传播、文字媒介传播、印刷媒介传播和电子媒介传播以及当下的互联网媒介传播，每种媒介技术

---

① 曼纽尔·卡斯特. 网络社会的崛起[M]. 夏铸九，等译. 北京：社会科学文献出版社，2001：9.

所具有的传播特征及其时空偏向,让其所形成的基于关系的传播组织形态也是有所不同的。如果说以口语和文字为媒介的传播是强化互动和交往的人际传播,印刷、广播和电视等媒介形成的是工业社会以来的大众传播,那么互联网媒介则将我们带入了群体传播时代。

一、口语与文字媒介时代的人际传播

无论是口语还是文字符号的传播,从传播主体的组织类型来看都属于强调在场的、互动的人际传播。作为人类传播历史初期最为重要的两种媒介,人们通过口语和文字开始分享、交流属于个体的经验和思想,使得基于个人与个人之间的信息传播的人际传播加速形成,这是由口语传播的"具身性"和早期文字的小范围传播所决定的。

德国哲学家莱布尼茨认为,语言是人类第一次传播革命的标志和动力,其构成了人类最古老的媒介。口语是语言的最初形式,是人们传播思想和信息的声音符号系统。口语的出现,使人类摆脱了比较野蛮的生存状态,是人类文明的里程碑。语言的出现归功于人类,但语言反过来也成就了人类的特征,语言成为人们进行信息传播的基础媒介,为人类提供了认识世界和改造世界的有力工具。语言之所以如此有力,是因为语言和思维是密不可分的,语言是思维的外壳,思维是内向操作的语言。语言的独立,使人们摆脱了只能简单表述的"结绳记事"图画或"手舞足蹈"式肢体动作传播,人类可以进行更为复杂的抽象思维和抽象表达,比如进行宗教、哲学、文学等活动与交流,这使人类成为高级生物。

口语传播是一种具身性传播。具身性(embodiment),是指人类认知的诸多特征都在很多方面为人类生物学意义上的"身体组织"所塑造,也就是说包括信息传播在内的众多认知活动都是需要基于人的身体存在和身体特征的。具身性这一概念源自法国哲学家梅洛·庞蒂的知觉现象学,身体本身也是一种存在的媒介物,对于一个生物来说,其所拥有的身体就是介入具体的环境、参与某些计划和继续置身于其中的基础。从绝对意义上来说，口语传播不仅是真正意义上的，而且也是至今为止唯一的生物学意义上的具身性传播。而从文字传播开始，人类的传播就逐步脱离了对具体身体在场的要求。作为具身传播的口语，不仅要求身体的在场，而且身体本身就是传播的介质和符号，身体也构成了信息，这就决定了口语传播只能在近距离内、面对面地去完成，并且难以记录和保存，所以口语传播时代是以人与身体共同在场的人际传播为主的传播组织形态。

文字的发明可以被视作人类媒介发展的第二阶段。学术界一般认为文字是从图画、结绳记事等基础上发展而来的，文字的诞生是人类传播史和人类文明史的另一重要标志，它使人类的传播活动和交往行为发生了本质变化。施拉姆说："文字的发明在当时也许被认为是理所当然的事，但回想起来则似乎是历史上震撼地球的大事之一。这一发明使得有可能携带信息越过地球的曲线，带到比讲话的人的声音能传到的、或烽火信号或旗帜或标识能被看到的、或鼓声能被听到的更远的地方。"①文字的出现让人们的传播活动开始摆脱口语的身体必须在场的具身性要求，打破了口语传播对人身体的依附，拓宽了传播行为的时间和空间范围，可以长时间保存且跨区域传播。但在印刷术产生之前，文字虽然有了脱离身体的理论特性，但缺乏现实条件，其依然无法大规模流动，只能在固定的人群和地理空间中进行小范围的信息传播。正是受此限制，文字的书写者在书写时心中的读者依然是很具体的，其所呈现的风格与信息也是小范围的和有针对性的，这也注定了早期文字强烈的人际传播属性。

二、印刷与电子媒介时代的大众传播

印刷术的发明，使人类传播能力被极大地提升了，推动了整个世界文明的进程，并将人类带入了组织化、专业化的大众传播时代。而之后

---

① 威尔伯·施拉姆，威廉·波特. 传播学概论[M]. 陈亮，等译. 北京：新华出版社，1984：14.

广播、电视的发明与普及，让大众传播更为彻底，展示出了强大的信息传播能力和传播效果。印刷媒介与广播、电视等电子媒介形成了专业化的"点对面"式的单向大众传播。

印刷术虽然最早发明于我国，但让印刷进入机械化生产的是德国的古登堡印刷。1456年，德国铁匠古登堡发明了铅活字手压印刷设备，印制了42本《圣经》。古登堡在欧洲成功运营并推广了印刷术，为印刷机械化乃至近代报刊的发展奠定了技术基础。印刷术在信息传播领域中，最直接的意义在于使文字传播变得极为便捷和低廉，让人类的传播行为和传播能力大幅提升，极大地普及了文化、教育、科学和宗教，欧洲宗教革命都与印刷术普及后导致的对宗教教义解释权下放至普通民众有直接的关系。甚至印刷业和启蒙运动乃至资本主义发展都是同步推进的，其中印刷媒介的作用是不容小觑的。正如施拉姆所言："书籍和报刊同18世纪欧洲启蒙运动是联系在一起的。报纸和政治小册子参与了17世纪和18世纪所有的政治运动和人民革命。正当人们对权利分配普遍感到不满的时候，先是报纸，后来是电子媒介使普通平民有可能了解政治和参与政府。"[①] 19世纪初，随着蒸汽印刷机的发明，生产力极大提高，使《泰晤士报》等能够以低廉的成本大量生产，从而进入寻常百姓家，它们为工业革命带来的资本主义发展提供着商业广告等信息，新闻变成了一种工业产品。随后，为适应报刊的印刷速度和人们对信息的需求，逐渐产生了专门从事信息收集、写作的职业新闻从业群体。当信息的生产和发布成为一种职业，其社会影响日渐增大之时，为规范行业发展，便逐渐发展出了新闻专业主义，对从业者的基本素质和职业操守有了一定的要求。报刊与后来诞生的广播、电视等媒体一道，被称为大众媒体，从此世界进入了大众传播时代。

如果说印刷传播完成了文字信息的快捷、低廉的复制与生产，那么以广播、电视为代表的电子传播则实现了信息的远距离和快速传播，弥

---

① 威尔伯·施拉姆，威廉·波特. 传播学概论 [M]. 陈亮, 等译. 北京：新华出版社，1984：18.

补了印刷传播的延时缺陷。1895年，俄国波波夫和意大利马可尼在先前电报、电话等技术基础上，先后成功完成了无线电的通信实验，这成为广播和电视等媒体的技术基础。1920年11月2日，世界上第一家广播电台美国匹兹堡KDKA电台的运营，成为电子媒介时代到来的标志。电子媒介的产生让人们彻底突破了时间和空间的约束，使具有实时、时空延伸的大众化传播成为现实，并且摆脱了印刷媒介对物理载体的限制，从而使大众传播更为彻底，其特征更为明显。著名美国传播学者罗杰斯认为电子传播是"在没有识字需要的情况下，为人类提供了超越识字障碍、跳入大众传播的一个方法"[1]。

大众传播"就是专业化的媒介组织机构运用先进的传播技术和产业化运用手段，以社会上一般大众为对象而进行的大规模的信息生产和传播活动"[2]。正因为专业化和职业化，其传播的内容由专业记者和编辑把关，以新闻信息、社会事件报道和娱乐为主，所涉及的内容大多为公共领域事物，较少涉及私人领域和个人情感；受众不限于特定的阶层或群体，其服务的是较为分散的、同质化的和不定量多数的一般大众，缺乏对个体和某个群体偏好需求的观照。大众传播兴盛于以蒸汽机为代表的工业时代，服务于资本主义自由贸易原则，谋求统一的市场、统一的规则，以便为人员、物资的自由流动提供思想宣传，谋求社会共识。大众媒体以其覆盖面广、接收成本低、传播方式生动多样（包含文字、声音、画面）等优势，以"点对面"的方式强有力推送着公共信息，塑造着人们的思想观念，利用舆论制造工业化和资本主义市场经济所需要的统一价值理念。大众传播强烈的社会动员和社会改造能力成为其重要力量，其从一开始便与工业革命和市场经济联系在一起，具有强烈的功能主义色彩。

大众传播与其他传播组织类型相比较而言，特点非常鲜明。第一，大众传播中心信息传播者是从事信息生产和传播活动的专业化媒介组织

---

[1] 邵培仁. 传播学导论[M]. 杭州：浙江大学出版社，1997：77.
[2] 郭庆光. 传播学教程[M]. 北京：中国人民大学出版社，1999：111.

机构，而早期口语时代和文字时代的传播者都不是专业从事信息传播的个人，互联网时代的信息传播者也包含专业机构、个人及其他组织。第二，大众传播具有传播技术的先进性和产业化运营手段，这也是其他传播组织所不具备的。第三，大众传播对象是一般社会大众，并不是特指社会的某个阶层或者群体，而是社会上所有的"一般人"，具有较强的跨阶层、跨群体性质。这一点与早期的传播媒介以及当下互联网用户具有巨大的差异。第四，大众传播具有传播的单向性性质，与受众的互动机制相较于口语传播和互联网传播非常弱，缺乏即时和直接的信息反馈与互动机制。第五，大众传播是一种制度化的社会传播，这种制度化不仅表现在以上所列的几个特点，也表现在大众传播活动中内容与社会观念、价值与规范的密切关联层面。大众传播一开始就与政治变革、社会变化关联在一起，其生产组织政策和职业规范都被深深地嵌入社会的政治、经济和文化当中，与社会制度关系非常紧密。而早期的口语传播、文字传播以及后来的互联网传播，其与社会制度的关联度都远不及大众传播。

三、互联网新媒介时代的群体传播

互联网媒介的出现，可以看作人类信息传播的第五次革命。互联网媒介因其独特的媒介属性，形成了一种无组织的组织力量，将信息带入了关系传播之中，打破了工业化时代形成的以广播、电视为代表的大众传播的垄断局面，将人们带入了以"物以类聚、人以群分"的群体传播为主的多元传播格局之中。

1946年，美国宾夕法尼亚大学研制了世界上第一台计算机"ENIAC"，人类进入了数字时代。互联网将世界上的计算机连接起来，形成了新的传播模式。口语与文字媒介时代是一对一或者一对多，印刷和电子媒介时代是一对多，而互联网新媒介时代第一次让人们进入一对一、一对多、多对多的传播模式中，技术赋权、个体化的传播节点、虚拟空间等，都让互联网具备了完全不同于以往媒介的特征，互联网上汇聚了人际传播、组织传播、群体传播和大众传播等所有的传播组织类型，它们杂糅且共生于这个平台之上。而正如伊尼斯所言，媒体在人类生活中不可能绝对地公正，在互联网上所有传播组织类型也不是绝对不偏不倚的。在互联网媒介的技术特征和人类群体化生活的需求下，互联网以关系型、意义型、场景型、社交型等特征，形成了以群体传播为主的，包含大众传播、人际传播、组织传播在内的多元传播格局。而对互联网时代的群体传播、原因、特征及其影响将是本书后续的论述重点。

在对人类传播媒介和传播组织类型的梳理中，我们能够看到媒介技术对于社会发展的推动力量，人类文明的发展与媒介息息相关。哈罗德·伊尼斯说："一种新媒介的长处，将导致一种新文明的产生。"[①] 媒介的每次发展都引发了人们传播关系的调整与重塑，也将人类文明推向了新的高度。互联网媒介让人们的群体共享、群体协作、群体集合等行为得以便捷、高效地实现，互联网媒介将群体传播的权利交到了普通民众的手中。

第二节　互联网媒介时代的群体
——无组织的组织力量

麦克卢汉认为，人类社会的媒介经历了口头交流的部落时代、文字交流的印刷时代和广播、电视的电子时代，电子时代是人的全面延伸，迫使人们有限地回归口头传播，让人们"重新部落化"。口语、文字时代是强化异质化的个体，印刷、广播和电视兴盛的时代则凸显的是同质化的大众。伴随着互联网的出现，在互联网这个拥有无限空间的虚拟匿名社会中，每个人的信息传播权利得到充分满足，个体特征和个体需求得到充分尊重与表达，人们如同站在一个原始、丰富的空间中，通过对

---

① 哈罗德·伊尼斯. 传播的偏向 [M]. 何道宽, 译. 北京：中国人民大学出版社, 2003：28.

意义、偏好的追求彼此连接，以群体的方式共同抵御着这个虚拟空间个体的孤独感，形成了一种不同于个体也不同于大众的群体性组织形态。互联网时代人们之间的组织关系更多地呈现出麦克卢汉所言的部落化，即人们在互联网上以群体形式存在。互联网媒介也充分证明了其在群体建构中所拥有的力量。

关于互联网对于群体建构的论述，著名媒介研究者克莱·舍基在《人人时代：无组织的组织力量》中通过"湿的"和"无组织的组织力量"来进行表述。其在《人人时代：无组织的组织力量》一书中讲述了一个名为伊凡娜的人丢失了一部手机，而捡到这部手机的人不准备归还，这件事在网络上被人们迅速围观成为热点，在围观的时候形成了一种没有明确组织结构而自发形成的群体力量。舍基借此提出：在互联网媒介的影响下，未来社会的组织方式就是"无组织的组织"，可以将其理解为缺乏外在强制力量而自发聚集起来的组织或者群体，"无组织的组织"成了一种新的组织形态，凸显了自发群体的力量。该书另一个书名被翻译为《未来是湿的》，在书中，其提出了"湿件"（wetwave）的概念，后来成为新经济增长理论的一个术语，认为网络时代是湿的。舍基把知识分为"软件"和"湿件"两类，其中所谓的"软件"也被称为"思想"，是被储存在如书籍、光盘、录音录像带等人脑之外介质之上的知识；"湿件"也被称为"技能"（skills）或"只可意会的知识"（tacit knowledge），是无法与拥有它的人分离的知识，被储存于人脑之中，如能力、才干、信念（convictions）等。

我们可以把湿件理解为一种有生命状态的东西，它与可以保存于无生命代码状态的软件和包括机器、设备在内的硬件都不同。从更为广阔的意义上说，按硬件的方式组织了前现代社会，按软件的方式组织了现代社会，而按湿件的方式组织的是后现代社会。现代工业化时代是祛魅的过程，人本质上是机械化的，是干巴巴的。工业化进程将人们社会关系中的一切人情味都烘干，通过具体的组织架构和组织安排将人们组织连接起来，人以原子化的方式生活在每个机械且固定的组织当中。在现代社会，人不能没有组织，人脱离组织也无法生活。而在未来的互联网社会当中，人们将一改工业化时代干巴巴的状况，未来本质上将会是湿的，是充满人情味的。当人们处于"无组织的组织"中，人们将组织抛去之后，关于人的一切在很大程度上都被认可和尊重了，人们通过彼此之间的魅力相互吸引、相互连接组合。就如同今天在各类社交网站、网络平台一样，人与人之间凭借感情、缘分、兴趣快速聚散，就像日常生活一般，这是与公司、机关等靠组织制度强制聚集在一起所不同的。这就是克莱·舍基其书名所示的"人人时代"，人人是有情感的、个体的、多元的人，他们之间通过情感、爱好等进行短暂、临时的组合，而非传统时代的长期契约关系，也形成了"大规模的业余化"。

传统的社会组织，大多是以职业建构起来的，人的工作与职业成为人的主要社会标签，在社会中缺乏对人其他方面的关注。而在互联网建构起来的"湿的"社会当中，人们的任何偏好都可以被聚集起来。一个典型例子是游戏群体。游戏爱好者在原来的社会组织结构中，被人们认为是不务正业、玩物丧志、不求上进的一个边缘群体。但在互联网媒介所建构的"湿的"时代，游戏玩家通过群体的力量相互分享、协作，使社会正视游戏的多重功能与正面意义，使其获得了社会的认可与接受。同样，游戏爱好者群体也通过群体互动与协作，将游戏在传承文化、人际社交及自我认同等方面充分展现。

克莱·舍基论述的要点就是认为互联网让建构群体变得非常容易，他引用了魁北克蒙特利尔大学电脑科学家西巴·帕克特的论断，认为"新社会化工具的核心优势称为'简单得可笑的群体构建'"（ridiculously easy group forming）。而以戴维·里德命名的"里德定律"（Reed's Law）也认为，互联网的价值绝大部分来自它作为群体构建工具的作用，随着网络连接人数的增加，其所创建的网络群体的价值成倍数增加。帕克特对于里德定律进行了补充和完善，认为"群体交流网络的价值与开创一个群体需要的努力成反比"。

无论是哈罗德所说的社会割裂、"姆庇之家"，雪莉所言的"群体性孤独"还是克莱·舍基提出的"人人时代""无组织的组织""未来是湿的"的论断,他们都已经关注到了以互联网等通信技术为核心的信息化社会中人们关系的变化,以及互联网对于群体建构的力量。他们的理论都把人从那种机械的、同质化的大众状态拉了回来,不约而同地关注到了个体及其情感和特征,人们以一种充满人情味的"湿的"和"黏糊糊"的状态连接起来,人与人之间可以超越传统社会的制约,人们基于爱、正义、喜好等情感化因素在互联网提供的社会化交往工具平台中自发聚集起来,通过分享、抄送、评论展开群体行动。未来,人们的组织方式既不是个体的,也不是组织化的和大众化的,而是对人的部落化、群体化生活的回归。

群体化生存,是互联网时代人们聚集的状态。也就是说,在这种社会生存模式中,人类之间的交往构建了基于虚拟空间的巨大群体,他们通过强烈个体化特性的媒介进行无限连接,在原有的群体关系或新认同、归属因素上进行聚集,形成大大小小的网络社会群体。只是互联网群体的形成、群体行为的自发性、无组织性,都是传统社会群体所无法比拟的,互联网群体是一种"无组织的组织力量"。人们在互联网上的群体聚集,不再是迫于血缘、地缘、业缘的压力,而是根据自身兴趣、爱好等自发形成的。

第三节　从大众传播到群体传播

一、大众传播的逻辑

自20世纪60年代开始,传播学研究其实一直是或者绝大多数是对大众传播和大众传媒的研究,相应地,大众传播理论也就是合法化产生于20世纪的关注、研究大众传播的学说。以威尔伯·施拉姆、拉斯韦尔等为代表的传播学奠基者,其研究本身就是以二战与"冷战"为背景的大众传播媒介研究。著名的美国传播文化学者詹姆斯·凯瑞（James W. Carey）指出，"简言之，大众传播研究的历史就是20世纪社会政治和意识形态斗争的缩影"①。伴随着大众传媒而起的大众传播、大众社会等理论，成了非常重要的学说。美国批判社会学代表人物丹尼尔·贝尔（Daniel Bell）于1960年在其代表作《意识形态的终结》一书中指出："伴随着过去几十年的风风雨雨，对生活的彻底非人性化的感受导致了'大众社会理论'的诞生。可以说，在当今西方世界里，除了马克思主义之外，这种理论也许是最有影响的社会理论。"② 在20世纪30年代，美国社会出现了全国性的杂志、广播、电影等媒体，通过广告带来商品的流动，通过媒介塑造统一的市场观念和环境。这些媒体带来全国性的统一市场和商品流通。在以报纸、广播、电视为代表的大众媒介快速发展的影响下，美国的社会形态和社会生活发生了一系列的变化，面对着这些变化，大众传播（Mass Communication）成为一门备受关注的学科。

要想了解大众传播，就得了解大众社会的概念。"大众社会是对工业化、城市化与现代化过程的描述性特征存在，进一步将社会秩序变动为社会控制，成为官僚化实践的中心，体现在官僚化结构的特征之中。"③丹尼尔·贝尔对大众社会有如下描述："交通和通信革命促成了人与人之间更加密切的交往，以一些新的方式把人们联结了起来；劳动分工使得人们更加相互依赖；某一方面的社会变动将影响到所有其他的方面；尽管这种相互依赖性日益加强，但是个体之间却变得日益疏远起来。家庭和地方社群的古老而原始的团体纽带已经被摧毁；自古以来形

---

① CAREY J W. "The Chicago School and Mass Communication Research," in E. E. Dennis & E. A. Wartella, eds., American Communication Research: The Remembered History [M]. New York: Routledge, 1996: 21-38.
② 丹尼尔·贝尔. 意识形态的终结: 50年代政治观念衰微之考察 [M]. 张国清, 译. 南京: 江苏人民出版社, 2001: 3.
③ HARDT H. Myths for the Masses: An Essay on Mass Communication [M]. Oxford: Blackwell Publishing Ltd, 2004: 11-12.

成的地方观念的信仰受到了质疑；没有什么统一的价值观念能取代它们的位置。"① 大众社会具有很强的联结性，人们相互依赖，原有的群体已经被抛弃，而这一切和大众化的传播模式相关，大众传播是大众社会形成的推动力量之一。贝尔总结了大众社会的几种特征，具体到大众传媒领域，其认为"以广播、电影为代表的大众媒体的兴起'使受众屈从于同一套供应的文化资料'，'大众作为无明显特征的群体'；与大众媒体兴起相关的现代文化的凋敝使得大众成为无能力的判断者；随着法西斯主义的兴起，易受煽动的暴民成为大众的代名词"②。也就是说，大众传媒使人们形成了一种思想认知，并且同质化增强。

二、群体传播的回归

但即使在大众传媒一家独大的时候，群体传播也并没有完全消失。在强调同质化大众的同时，具有显著差异化和异质化的个体、群体概念虽然被弱化但并没有被完全抛弃。一方面是拉扎斯菲尔德等人在《人民的选择》一书中，对作为民主理论设想基础的理性个人提出了疑问，并在其后的《人的影响》中提出了诸如意见领袖、"二级传播"等理论，关注到了大众传播中的"首属群体"（primary group）等二级群体领域，认为在大众传播中的群体对于信息的传播有着非常重要的作用。另一方面是在大众传媒发展的后期逐步进行分众探索。宏观上，不同媒介会有不同受众群体的偏向，同一媒介类型也会有不同的受众群体，这体现在报纸、杂志侧重知识精英群体，电视广播侧重娱乐性等，同样作为电视媒体，各家电视台也会有不同的群体偏向；微观上，则出现了不同的版面、不同的频道等，以便满足不同群体的信息需求。

虽然说以报纸、广播、电视等媒介为主的大众传播学术研究和业界

---

① 丹尼尔·贝尔. 意识形态的终结：50年代政治观念衰微之考察［M］. 张国清, 译. 南京：江苏人民出版社, 2001：4-5.
② 展宁. "大众传播"溯源：社会情境、根本问题与价值立场［J］. 新闻与传播研究, 2019, 26（11）：82.

内容生产机构，已经逐步开始探索不同社会群体的信息需求，但终归受制于大众媒介的技术限制而无法有效地突破大众传播的范式，其所有的努力只是一种局部调整策略。群体传播真正得以实现需要新的媒介技术，而以互联网为代表的新一轮媒介变革，给传播带来了巨大的变化。互联网时代呈现出的无组织时代的组织力量的群体，是一种非强制、自发性形成的具有共同归属和共同目标的集合体。群体是人们在互联网上聚集的主要形态，作为维系群体内部及外部沟通的群体传播也在互联网时代崛起。大众传播一家独大的时代也被以群体传播为主要类型包含大众传播、人际传播、组织传播多元并存的时代所替代。

群体传播（Group Communication）主要是指群体成员内部或外部群体之间的信息传播活动，通过成员之间的信息交流和传播活动，连接和实现共同的目标和协作意愿的过程。群体传播研究者隋岩教授认为群体传播是"群体进行的非制度化、非中心化、缺乏管理主体的传播行为"。

群体传播相较于大众传播和组织传播，没有专业性、组织性很强的传播机构，更多呈现出一种自发性、平等性特征。群体成员之间的信息传播活动具有较高的点对点式的网状化特征，并不具备大众传播和组织传播中的中心信息点式的点对面特点。在信息流动方面，群体传播的互动性是非常强的，信息反馈也较为直接和及时，而大众传播和组织传播的信息流动更多的是单向化的。在信源方面，群体传播会存在信息来源不明确或者不确定的情况，并且会因为一些信息引发群体集合行为。群体的传播主体因缺乏主体性和确切的管理主体，缺乏约束、自发、匿名和平等等群体性特征，这一方面会使群体的传播活动非常活跃，但另一方面也会让群体容易被暗示和感染。

而在互联网时代，群体传播的非制度化、非中性化、缺乏管理主体等特征更为明显。互联网在进行联网设计时就为了避免受到破坏而没有中心节点，互联网的发展历史也是一个不断去中心化的过程，技术赋权和进入Web2.0之后以个人为传播节点的特征，更充分体现了互联网没有明确管理主体和非制度化的特征,这与群体传播的上述特征都非常吻合。互联网激活了个人传播能量和个人传播偏好,也让群体传播在一定程度上摆脱了大众传播中专业机构对信息生产、传播的垄断,打破了传统社会血缘、地缘、宗教群体等的限制,让其呈现更为个体化的传播特征。互联网时代的群体传播,更为准确的是"人们对于某一事物具有共同的志趣而结合在一起的,相互之间用互联网的形式进行交流、沟通和互动而形成的相对稳定的群体"①。也就是说,个人偏好被极大释放,互联网时代的群体传播更强调基于个人特性——而非个人原来所属群体——所进行的传播活动,如个人的认知、偏好、情绪、兴趣等。当然这种群体也注定了其短暂性和灵活性,它并不会像基于血缘、地缘等比较固定的群体类型,这种群体类型人们会因为对某一件事的态度一致而形成一个群体,但在另外一件事上观点相左时又会形成一个新的群体。也正是基于此,随着互联网的普及与持续发展,人们的信息传播也相应地从占绝对主流地位的大众传播转向了群体传播、大众传播和人际传播并行存在的格局,其中群体传播的特征尤为明显,并对其他传播组织类型产生影响,群体传播将会使人类传播方式发生一系列的变化。

在经典的传播组织类型中,群体传播与人内传播、人际传播、组织传播和大众传播一起构成了学术研究中关于人类社会传播组织的五大类型,群体传播与其他传播组织类型既有明显区别,也和其他传播类型紧密关联。

首先,群体传播边界具有较强的延展性和丰富性。群体这个概念看似明确,但其包含的类型和边界却非常复杂、多变。如前文所述,群体有自然群体和社会群体之分,也有基于家庭关系的初级群体和次级群体,较为正式的群体和比较松散的非正式群体,群体成员之间关系的疏与密、群体意识的强与弱、群体规范的严与宽,以及群体人员的构成因素等都呈现出巨大的差别,群体一词所牵涉的范围会有很大的延展性,

---

① 张真继,张润彤. 网络社会生态学 [M]. 北京:电子工业出版社,2008:152.

群体的类型也非常丰富，并且一个人可以根据其不同方面的身份特征、爱好、兴趣等加入不同的群体，群体也从来不是固定不变的。从群体传播规模上来说，两三个人基于一个共同爱好是一个群体，一个家族基于血缘和亲情也是一个群体，一个国家或者文明在面对另外一个国家或文明时也可以呈现为一个群体，也就是说构成群体的规模小可以两三人，大可以包含一种文明，构成群体的参照物不同，群体规模和群体标准也会发生变化。此外，群体的松散和疏密也是不同的，有较为密切的群体和较为松散的群体。总体而言，群体具有较强的延展空间和丰富的类型，并且居于变化当中，这些特征构成群体传播和其他组织传播类型的一个显著差异。

其次，群体传播在其他传播组织类型中的重要作用和多样的关联性。群体传播具有较强的延展空间和丰富类型，这就使得群体传播与其他传播类型相比，并不是一种界限分明且完全独立的状态。群体传播有其独立特性，但又经常和其他传播类型相互关联和相互借力。第一，传统研究中，对于群体传播的研究着墨较少，甚至曾经一度将其列入组织传播当中，认为群体传播是组织传播的补充和一种特殊类型。与群体相比较，组织是具有严密的结构和完善的秩序的社会结合体，有着非常明确的目标和硬性的组织规范，组织内分工明确，组织架构清晰，有完整且系统的管理体系。"组织是人们为了高效率地完成分散的个人或者松散的群体所不能承担的生产或社会活动而结成的协作体，现代社会是高度组织化的社会，也是组织传播高度发达的社会。"[①]而组织传播是指组织和各成员之间的或组织与组织之间的信息传播行为，是"某个组织凭借组织系统的力量所进行的有领导有秩序有目的的信息传播活动"[②]。从中可以非常清晰地看出，群体传播和组织传播相比，缺乏有领导、有秩序的制度化和中心化的特征。第二，相较于大众传播，群体传播的涉及面较小，缺乏大众传播强大的社会动员和社会整合效果。大

---

① 郭庆光. 传播学教程 [M]. 北京：中国人民大学出版社，1999：99.
② 魏永征. 关于组织传播 [J]. 新闻大学，1997 (3)：31.

众传播是以工业革命、通信技术带来机械印刷、广播、电视等媒介为技术基础形成的具有巨大信息传播能力的传播类型,而群体传播虽然也借助现代技术,但其覆盖面较为有限,社会动员能力受限。第三,相较于人内传播和人际传播,群体传播是成员之间为共同目标进行的信息传递,是对"共同体"的归属和共同目标的追求。但群体传播不能被简单地认为是众多个体之间信息传播的总和,为了群体的稳定性和持续性,群体势必会对群体之间的人际传播和群体成员的人内传播有所抑制和约束。但是从另外一个方面来看,群体传播与人际传播、人内传播紧密相连,无论是群体感染还是群体暗示的发生,群体的信息流动不能缺乏人际、人内传播的运作机制,其终究需要经历人内和人际传播阶段,对于人内传播的把握,有助于更为精准地了解群体心理。此外,人内传播和人际传播不能缺乏其所处群体的考虑,人作为环境的物种,总会受制于环境。群体作为人际传播和人内传播的外在"环境"和发生"场景",不同群体的特质和风格,总会对人际传播和人内传播有一定的影响。总的来说,群体传播对于其他传播组织类型而言具有非常重要的意义,它上承大众传播和组织传播,下接人际传播和人内传播,对于群体传播的研究不能完全与其他传播组织类型相隔离。

第四节 互联网时代社交媒体的回归

在以互联网技术为主导的新一轮信息革命中,信息传播发生了深刻的变化,无论是信息传播方式、内容生产机制还是信息接收关系,都与以往的大众传播有着很大的区别。2004年左右互联网进入了所谓的Web2.0时代,相对于Web1.0较为单向的传播方式,Web2.0技术的互动特征大为增强,这让其具有了传统报刊、书籍、广播和电视等大众传播媒体所不具有的互动特征。也就在这个时候,社交服务网站开始蓬勃发展,十多年后社交媒体已经急速成长为一股不可忽视的媒体力量,甚至在传媒行业中流传"无社交不传播"的说法。社交媒体（Social Media），亦被称为"社会化媒体"或者"社会性媒体"，它是一种允许使用者撰写、发表、分享和评论的互联网媒介技术平台，借此人们可以彼此共享意见、态度、经验。人数众多和自发传播是构成社交媒体的两大要素。①

网络社交媒体中的翘楚，如脸书（facebook）和推特（Twitter）虽然分别诞生于2004年和2006年，但其对媒体的影响是全面而深远的。在短短的十多年后，无论是国内还是国外，传统大众媒体都深受网络社交媒体的冲击，影响力持续下滑，其在话语形态、内容分发和传播方式等方面努力适应媒介的社交化趋势，如国内各个媒体开设的"两微一端""两微一抖"等，都是其社交化努力的举动。当我们都认为大众传播式微而新兴的社交媒体快速发展时，汤姆·斯丹迪奇的《从莎草纸到互联网——社交媒体2000年》却告诉我们社交媒体才是人类社会的常态，而从19世纪中期开始产生的大众传播则是人类传播历史中的一段插曲。

一、社交媒体2000年

汤姆·斯丹迪奇在书中首先讲述了一个关于西塞罗网络的历史事件。简要来说，就是古罗马政治家西塞罗来到现今土耳其东南部的西里西亚就任总督，身在异乡的他为了防范政敌尤里乌斯·恺撒夺权，而把相关信息和文件抄录在莎草纸上并写下自己的评论后与别人分享，这些评论信息借助游走各地的商人、征战各地的士兵和流动的官员，把罗马共和国的核心信息与观点传递到了相关的人群中，形成了具有共同政治倾向的社交圈子。这样的状况在我们今天看来似曾相识，"用今天的互联网的行话说，西塞罗参加的是一个'社交媒体'系统：在这个社交媒体环境中，信息沿着社会关系网在人们当中流传，四面八方的人参加

---

① 刘萌. 基于社交媒体的高校传统文化传播策略分析[J]. 今传媒，2018，26（4）：156.

同一场讨论，组成分散的群体。罗马人依靠莎草纸卷和信使传递信息，今天几亿人利用脸书、推特、博客和其他的互联网工具，联系起来快得多，也容易得多。所用的技术很不一样，但这两种相隔两千年的社交媒体在信息结构和发展态势等许多方面是相同的：两者都是双向的交谈环境，信息沿社交关系网络从一个横向传给另外一个人，而不是由一个非人的中心来源纵向传播。"①

虽然作为学科其传播研究形成于20世纪，但传播活动伴随人类社会的始终。斯丹迪奇将社交媒体的研究放在了更为宏大和久远的视域下，沿着这条认知道路和研究逻辑，他从古罗马时期的西塞罗网络开始梳理，认为也包括早期基督教教众间流传信件和其他文件，16世纪宗教改革时印刷小册子，都铎王朝和斯图亚特王朝常见的信息传递方式——抄录满纸流言的诗作和弥漫宫廷中的交流，在英国内战时期保王派和议会派为争取公共舆论的支持发表针锋相对的小册子，启蒙时期人们在咖啡馆阅读大量新闻报告和小册子，第一批科学刊物和通信学会使相隔遥远的科学家能够讨论并进一步发展彼此的研究，大声疾呼动员民众支持美国独立的多样小册子和地方报纸，在法国大革命前将各种传言从巴黎散布到全国各地的手抄诗作和新闻稿等，都可以被我们看作两千余年社交媒体的历史。今天的博客是一种基于互联网技术重新兴起的新型小册子，微博和社交网站是建立在互联网上的新型咖啡馆，两千余年"线下"社交媒体在今天凭借着网络技术重新强势回归了。

既然基于人与人之间分享、抄送、评论信息为特征的社交媒体有着悠久的历史，又在当下凭借着互联网技术的力量强势回归，那么社交媒体受到如此追捧必然有其深层的原因。媒体虽然基于技术，却更基于人的心理需要，媒体技术快速发展和迭代的背后，总是基于对人性需求的观照。社交媒体也不例外，其兴盛的背后有着需求和载体的双重因素。

一方面，人类作为社会性动物，其社会性大脑具有专门加工、处理

---

① 汤姆·斯丹迪奇. 从莎草纸到互联网：社交媒体2000年［M］. 林华, 译. 北京：中信出版集团, 2015: 5.

社会信息的能力,这是为了形成群体进而获得生存。作为灵长类动物,其大脑相对于身体特别大,而且其特有用于容纳大脑的大脑皮层,负责空间判断、感官感受和思想等较为高级的职能,这使得灵长类动物具有较为复杂的思考活动能力。此外,包括人类在内的灵长类动物还具有群居的特性,其社会体系异常复杂。这就要求群居成员不仅关照自己,还要关注其他群体成员需要,通过社交以期获得合作。社交活动是维系群体和评估自我的本能行为,人类与其他动物相比,除了大脑外,其在生理机能上并不具有优势。在漫长的生存和发展道路上,面对身处的这个世界,到处是迅疾且凶猛的敌人,人类长期以来特别依赖长辈与族人的保护,以至于部落的团结成为力量的来源,自我对部落、民族尤其是信仰体系的强烈归属感与认同感也油然而生。[1] 而社交不仅让个人融入群体,也在群体的社交中评估和认同着每个人,个人认同和群体认同之间的关联性仍然是最混沌的。所谓群体通常是指,人在其中自我表现与定位的各种集合。弗洛伊德认为:"个人心理学只有一小部分无涉个人与其他人的关系……因此,打从一开始,个人心理学同时就是群体心理学。"[2] 从心理学角度来看,群体心理学所关心的还是个人,只不过这个个人是在某一特定的时间,为了某种目的而被纳入群体组织之中的。

另一方面,媒介技术是社交媒体得以进行的载体。斯丹迪奇认为互联网绝非维系此种社交媒体环境的第一种技术,网络只不过是人们历经千年之后发现的最新、最高效的社交技术手段,通过网络技术人们极大满足了基因中固有的社交需求。那么在互联网之前,除了社会性大脑的进化,约1万年前语言产生之后的流言传播和5000年前书写的发明构成了社交媒体的三个古老基石,它们支撑着分享型社交媒体的延续和发展。正是基于对语言和书写的媒介技术逻辑,社交媒体形态才在广播、

---

[1] 哈罗德·伊罗生,邓伯宸. 群氓之族:群体认同与政治变迁 [M]. 广西师范大学出版社,2008:78.
[2] 哈罗德·伊罗生,邓伯宸. 群氓之族:群体认同与政治变迁 [M]. 广西师范大学出版社,2008:78.

电视等电子媒介技术产生前得以顽强存在，通过小册子等方式分享、抄送，传递着信息，分享着个人情感，维系着群体。以信息分享、评论和推荐为主要特点的社交媒介，其本质是一种基于关系发展且建构关系的关系型平台媒体。我们个人和群体的关系是我们理解社交媒体的基本前提，即社交媒体是一种维系社会关系的平台，社交属性是理解其的关键视角。如果说在工业时代，人们对技术的追求看重的是生产力和生产效率，那么在互联网时代，生产力已经不再是关注的重点，网络媒体的价值则是"关系"的建立与重构。网络时代无论是信息的生产、信息的发布、信息的传播，还是信息传递的目的以及由此形成的信息内容、话语形态等，都是基于个人及其社会关系的维护而进行的。无论是基于用户兴趣的算法分发还是内容风格，它都充满对个体的关照，对情感的理解，对志趣相投的呼应，其间充斥着众多的丰富人情和世间百态。然而这一切终止于大众媒体的诞生之时，大众传媒打断了这种基于个人社交的信息传播逻辑，让社交媒体沉寂了百余年。

二、大众媒体的插曲

19世纪初，印刷进入到蒸汽时代，使得印刷能够实现低廉成本的生产，这推动了《泰晤士报》等新闻业的发展，报纸进入了普通家庭。报纸为资本主义发展提供商品和商业信息，信息采集者和撰写者也逐步演变为专业的新闻从业者，并形成了自身职业规范和职业道德，推动新闻专业主义的发展。报纸成为大众媒体，世界从此进入了大规模信息流动的大众传播时代。

大众传播简而述之，就是职业化的信息传播机构利用大众媒介向大众传递信息的行为。职业化的信息传播，要求其传播的内容必须由专业记者和编辑把关，信息内容以新闻、社会事件报道和部分娱乐为主，这就导致大众传播的公共性和大众性，即其较少涉及私人领域或者个体情感；同时其所面向受众是分散的、异质的、不定量多数的一般大众，缺乏对个体和某个群体需求的关照。大众传播兴起于工业革命时代，谋求资本主义所需要的商业自由进行的统一市场和统一规则，为人员和物资的自由流动提供意识形态动员，利用自身的舆论优势制造工业化和资本主义市场经济所需要的"共识"，这使得大众传媒天然具有强烈的功能主义色彩。即使在当下的传播学教育中，基于功能主义逻辑的5W模式（信息传播者、信息本体、媒介或渠道、信息用户、信息效益或效果研究）及其延伸依然是课程的核心部分。

在大众传播时代，延续了几千年的社交媒体受到了根本性的冲击。此时的传播不再关注个人及其关系，眼中只有"只见森林不见树木"的大众；传递的信息只关注公共领域和信息真实，摒弃私人领域和情感、观点；只谋求共识的形成而忽略各个群体的差异性存在；信息由非人的中心来源纵向传播，横向的关系网络传输已经失效……总而言之，鲜活的个体消失了，作为概念的大众出现了，传播呈现出冷冰冰的工业化之脸。

三、网络时代社交媒体的回归

近些年全球"黑天鹅"事件频发，特朗普的当选及其之后的执政政策、英国脱欧"闹剧"、德国默克尔的移民政策备受争议、欧洲极右翼势力抬头等，都在暗示着，我们正在经历冷战结束以后最深刻、最剧烈的变化。无论是全球化进程还是国际战略格局、社会思潮调整等，都使世界进入了一个充满困顿的新阶段。而所有上述现象的出现和互联网的普及是同步的，以网络为核心的新媒体在其中扮演了不可或缺的角色，关于网络媒体和社会思潮、政治、经济之间的关系成为研究者研究的重要领域。

在关于网络等新媒体的研究当中，很多研究者将关注点集中于媒介特性、信息生产和信息传播等媒介本身方面，加之只限于互联网诞生至今的研究时间跨度，导致其无论从研究的范围还是时空脉络都缺乏更为宏大的思维和精准的切入视角。而斯丹迪奇从社交媒体的角度来追溯其历史，反倒为我们认知网络等新媒体及其带来的社会影响提供了更为宏大的视野。我们追溯着社交媒体的河流而上,在两千余年的社交媒体的历史长河中能够更好地理解当下的互联网和社会变迁。

如前文所述,在人类漫长的传播历史中,社交媒体的历史要远远长于基于工业化、市场经济发展起来的广播、电视等大众媒体。社交媒体是基于个人及其社会关系需要而发展起来的媒介形态,个人的情感、情绪以及兴趣是社交媒体的重要特征,与个人具有相同爱好、认知的其他人对其分享、点赞、评论的行为构成了社交媒体的动力。也就是说,社交媒体是带有强烈的情感化和个人化特质的,它关照的永远是个人以及由此延伸的社会关系,并因为有着共同的血缘、家族、部落、民族、种族、文化、信仰、认知、爱好等,形成了"人以群分"的大大小小的群体。在百余年的大众传播及新闻专业主义的影响下,大众传媒秉持客观、真实、平衡的新闻信息传播要求,既是对社交媒体情感化、个人化信息传播的压制,也是对个体及其所在群体的差异化信息需求的忽略。

科学技术的进步,特别是互联网的发明与普及,让社交媒体重新拥有了抗衡大众传播的媒介技术载体和平台。互联网作为一种革命性、颠覆性力量,正在重构着整个社会的信息资源配置模式和权势构造,互联网社交媒体的个人赋权、互联网媒体的社交化功能、移动社交媒体的场景化与互动化趋势、互联网媒体的大数据与智能化发展等特性,似乎都在扩张着传播行为的个体化、碎片化、情感化,这些趋势无疑都会助推以意见、观点、情绪为诉求的个人或者群体的力量。① 而这些特征,都是延续了两千余年社交媒体的网络加强版而已。从这个意义上说,或许人类从来都不是理性的,只是公共领域被大众传播压制了百余年后,个人以及其特有的感性、关系凭借着互联网这只猛兽重新强势回归。

王炎曾分析过特朗普当选美国总统一事,认为特朗普超越了美国传统政治的保守和自由的固有界定,特朗普既不保守也不自由,他是网络

---

① 马广军. 手拉手而非心连心——社交媒体环境下后真相时代的传播困境与启示[J]. 新闻界,2018(7):34.

社交媒体快速发展后草根阶层崛起的产物。① 郑永年在分析社交媒体和政党时指出，互联网尤其是社交媒体的产生，已经改变了所有这一切，为政党政治引入了巨大的变革动力，也足以颠覆传统政党政治。社交媒体标志着一个真正的大众"政党"时代已经来临。他们的分析正是因为看到了网络时代社交媒体的崛起及其本质特征。

网络时代的社交媒体，在继承了两千余年社交媒体个人情感和关系脉络的核心之后，又借助互联网超越时空、算法匹配等技术力量，在更为广阔的范围内通过大数据寻找和匹配着属于每个人自己的"姆庇之家"，社交所产生的个人认同和群体认同已经势不可当。或许在网络社交媒体快速发展的十多年中，习惯了大众传播方式的我们似乎无法应对基于圈层、兴趣而进行分享、抄送和评论的社交媒体形式，但当我们的视域脱离这百余年的广播、电视的传播形态后，便能更好地理解社交媒体所蕴含的自由、分享、互动、平等的精神。只是下一步我们在面对着由此而形成的"人以群分"的各个群体时，该如何应对？

---

① 王炎. 特朗普很保守吗？——网络媒体与美国政治转向[J]. 读书，2017（12）：31.

第三章

媒介环境学视域下互联网群体传播成因

里德定律认为"互联网的绝大部分价值来自它作为群体构建的工具的作用",互联网的发展历程也充分证明了这一点,使今天我们在互联网所构成的交往环境中,无论是有组织的社会动员,还是无组织的群体行动都非常容易,人们总是生活在各种群体当中——或是基于原有社会关系的群体,或是基于个体兴趣、爱好的群体,或是临时性的群体,或是较为永久的群体。互联网极大地释放和满足了人们对于群体协作、群体认同的本能需求,让群体建构成为"简单得可笑"的事。

第一节 互联网媒介技术主导下的群体关系转向

每种网络服务和应用本身都可以形成不同的群体,这是互联网媒介不同于其他媒介的地方。原有媒介对信息接收者特殊需求的满足只能体现在内容层面,而互联网媒介充分利用其文字、图片、视频和音频等传播元素为用户提供了大量的产品和应用,这些产品和应用不仅在内容层面上满足了其个体化的要求,也在形式和功能上呈现出多样性,充分挖掘用户需求,从用户定位、使用方式、互动交往、产品营销以及文化认同等方面进行社群营销,形成不同类型的用户使用群体。如QQ用户是侧重娱乐而形成的陌生人群体,微信侧重以原有社会群体关系进行社交的熟人群体;豆瓣、知乎等平台使用者逐渐形成具有精英、文艺特性的群体，同为短视频平台的快手和抖音也形成了不同的用户群体；拼多多等购物平台的使用者被认为是"小镇青年"群体。用户使用不同的媒介产品或平台进行交往，都会强化其群体认同，形成其特有群体符号和标签。

互联网时代群体传播的形成，是人的群体化生活需求、互联网媒介特性以及当下社会思想变化共同作用的结果。人作为群居性动物本身就有着社交和群体生存的天然需求，一方面，人在群体中获得生存的安全性，也在群体中凸显自身的价值，寻找安全感和认同感；另一方面，作为社会的"加湿器"的互联网，提供了使群体聚集和群体传播便捷、高效的媒介技术，是群体传播的媒介技术成因。互联网所具有的关系、平台、意义、社交、虚拟及移动化、数据化的媒介特征，助推了群体传播的形成。

互联网作为一种关系型媒介，其技术赋权、去中心化、聚合平台等特性，让社会和个人形成了平等、互动、共享的关系，人们在平等、互动和共享的关系之中，通过对内容信息、服务应用有选择地使用、分享和互动，让人们形成各种类型的群体，这是互联网时代群体化生存和群体传播形成的重要媒介原因之一。互联网呈现出了一种无组织的组织力量，其将大众传播、人际传播、组织传播、群体传播融为一体，让信息进入了关系传播当中。

尼葛洛庞蒂在《数字化生存》一书中，预言了互联网带来世界改变的可能性，它主要表现在这样四个方面：一是去中心化，二是全球化，三是和谐化，四是赋予年轻公民权利。而这些都是在一种数字化的虚拟技术结构中得以实现的。在工业时代，人们一直追求技术发展带来的生产力和生产效率的提升，比如蒸汽机的发明、电力的发明、汽车的发明等，都是为了提高社会生产能力和社会运行效率。但是当互联网进入了以个体之间的连接以及彼此之间关系建构的 Web2.0 时代，其不仅是社会生产力提升的有力工具，更是社会关系的构建力量，对各种"关系"的建构方式和价值的挖掘构成了互联网的一个独特价值，互网的力量也来源于关系的建构,所以人们也把互联网媒介技术称为"关系的技术"(relationship technology),其信息生产和传播动力,都是基于个体和个体的关系。

信息传播存在于内容和关系两个层面,一方面,在互联网的信息传递中蕴含着关系,尤其是社交媒体,其个体进行信息生产和信息传播都是试图维系和拓展自身的社会关系;另一方面,人们在关系中发掘信息传播的意义,信息传播离开关系就缺失了被解码的环境和场景。在网络社交媒体上,人们撰写一段文字或者拍摄一段视频,将其发布到网络上,其动机无外乎通过自我展示进行社会关系的维护,以此获得满足来实现对自我的确认。这段文字或者视频的生产和传播不再是大众传播时期专业机构的专业化生产动因,而是个体关系建构的努力;其传播途径也不是"点对面"式的撒播,而是顺着发布者的社会关系网络的"点对点"式的分享和互动;也就是在这段文字与视频的发布传播中,能看到这些信息的人会对发布者有一个反馈机制,或者点赞,或者不认同,在这种互动反馈过程中,会对发布者原有社会关系进行重构,或许会打破原有社会关系,或许会形成新的社会关系。

彭兰认为关系是新媒体平台的核心,也是互联网内容生产与交换的动力,甚至关系成了新媒介平台传播的基础设施。同样,美国著名网络观察者凯文·凯利也认为"我们不应总认为技术就是管理信息的方法,而要把它视作建立关系的中介"[1]。迈克尔·施拉格在《思维共享》一书中也认为计算机芯片大量处理的字节信息中,最重要的产物其实是关系。互联网中的关系复杂而广泛,每种关系都有着不同的形态和独特之处,新的媒介技术形成了不同的关系类型。

一、互联网媒介技术的平等关系

互联网媒介技术赋权下的平等关系,为互联网群体及群体传播的产

---

[1] 凯文·凯利. 新经济,新规则:网络经济的十种策略[M]. 刘仲涛,等译. 北京:电子工业出版社,2014:63.

生提供了不受约束的"自由人",让普通人在互联网的虚拟空间中暂时摆脱了原有社会的限制和群体归属,从而有机会让其重新进行自我审视和群体归属的选择。几千年来,人们之间的关系多是按照层级结构来组织的,或是以家族为代表的宗亲关系,或是以机构为代表的社会关系,强调君臣有别,长幼有序,上下分明,人们的权力结构如马克斯·韦伯总结的"自上而下的控制",一个人的地位取决于他相比其他人所享有的特权。这种关系结构是建立在以宗法制度和道德规范为体系的社会组织之上的,是靠政治、经济和文化的力量来维系的。然而,互联网改变了人类交往的组织结构,建立了使人们多方位连接的网络关系,连接了作为互联网技术设计的最初逻辑和目的,构成了互联网的本质属性。如前文所述,互联网的历史可以被认为是一个连接要素和连接方式变化的过程。其通过众多节点(终端)编织成一个庞杂的网络社会,用以互相传递信息和相互联络,互联网也就成了一种以各类性质的社会关系为节点的普遍且多元的传播机制。

通信技术和全球化改变了通常意义上的关系,让世界各地不同的终端连接在一起并产生关系。当关系网络形成之后,人们相互之间的关系就不再是层级式的组织结构,而是一种在虚拟空间中具有相同权利、相互自由连接的网状结构,人们相互之间形成了"平等的权利关系"。这种平等的权利关系,是由互联网技术本身具有的开放性、赋权性、去中心化等特征所决定的。互联网技术网状结构的无障碍连接,使得它在被人们使用时,具有了开放、民主、平等、自由的价值取向和社会属性。这又被人们称作"技术赋权",也就是网络媒介技术天然赋予了人们自由使用它来进行信息获取、意见表达和参与公共事务的权利。个体成为网络传播活动的基本单位,个体对信息的偏好和传播能量被激活,互联网社交媒体已经实现了人人都可以进行信息表达的愿望,人人都可以设定社会信息传播议程,人人都可以拥有社会话语的表达权力,这是互联网技术所开创的可能性,它在本质上是对传统媒体话语权的消解和转移。尽管当互联网世界进入社会化进程之后,也会依照社会的政治、经济、文化结构形成网络社会的规则，但是互联网所具有的开放、自由、平等、民主的技术基因，反过来也深刻地影响着现实社会的结构与网络新规则的形成。

二、互联网媒介技术的互动关系

互联网去中心化后形成的互动关系，即人与机器、人与人、人与偏好的互动发展，为互联网群体及群体传播的发生提供了聚集要素和及时反馈机制，让人们更为方便、快捷地进行群体互动。在互联网处于以网页浏览为主要特征的Web1.0时代时，主要以超链接的方式实现信息传递，是以建立人们获取信息的结构性网络为主的，电子邮箱、门户网站等是其主要形式，互联网还处在"从网站到受众"的模式中。虽然说Web1.0是一场结构化的过程，但是它在本质上还是传统媒体的信息流动方式，即专业的信息收集机构（如门户网站等）对信息进行编辑、筛选后把信息发布出去。这是一种平面化的网络连接结构，其运行方式与传统媒体没有多大差异。而进入Web2.0阶段后，"人"的连接取代了内容连接，用立体的网络结构去建立用户的互动关系。从对内容的控制角度来说，Web2.0是一个对信息发布核心和控制中心进行解构的过程，它的本质意涵是去中心化，使得每个人都有成为"中心"的可能。

互联网在设计之初就没有明确的中心节点，在其分布的众多连接节点当中，每个节点都是高度自治和独立存在的，它们相互自由连接形成新的连接单元。这些不具备强制性的单元，使节点与节点通过网络形成非线性的连接关系，它们之间可以相互流通与反馈，形成鲜明的互动特性。这种开放、扁平的系统结构，与具备明确中心主体的传统媒体完全不同。需要指出的是，去中心化并不是没有中心，而是其中心由众多连接起来的节点来承担，节点即中心。从此，互联网系统中任何人都是一个节点，任何人都可以成为一个中心，任何所谓的中心都不是永久的，而是动态的和阶段性的，中心对于节点都不具有强制性。

从互联网的社会化角度来看，去中心化是其发展过程中形成的全新社会关系和内容生产形态，是以互动关系为特质的新型网络信息生产和流通过程。关于互动，互联网经历人机互动、使用者互动和用户偏好互动三个阶段。

首先是人机互动。最初的人机互动是源于人们利用计算机网络去完成某些任务，当人们与网络连通、与网络对话时，人与机器形成的互动往往是个人与机器共同完成一个任务或产品。比如，人们认为最早尝试去中心的是维基百科，它的内容不再是由专业网站或特定的专业化人员来生产，而是由众多普通网民与计算机网络共同创造完成的。任何人都可以对词条发表意见并参与编撰和修改，也可以提交原创内容让其他网民参与，共同进行内容协同创造，而专业编辑则最后对词条进行确认。这样的方式不仅降低了生产内容的门槛，而且也提高了网民对于内容生产的积极性，每个网民都能够为内容的完整性做出贡献，人机互动增强。

其次是使用者互动。互联网的出现不断地瓦解传播者与受众之间的旧式关系，将过去的传播者和接收者两者合一，称为"使用者""用户"。生产者在消费，消费者同时在生产，在网络经济中生产与消费合成一个动词：产消（prosuming）。互联网自进入 Web2.0 时代，其互动性极大增强，强大的互动性让互联网具备了其他媒体不具有的能量，"信息的传播效率在于信息的内容修辞和形式架构并重，不能产生互动关系的传播者逐步弱化或淡化其自身原来的传播者定义"[1]。互联网论坛、社区、微博、微信等服务和应用，无不具备信息发布和信息互动功能，一个信息通过转发，能以几何倍数增长地传播开来，又可通过评论功能反馈网民的意见，形成一个不断扩散的信息涟漪。这种信息使用者之间互动的关系，形成了一个互联网公共舆论场，是群体建构的重要手段。

最后是用户偏好互动。用户偏好可以简单理解为用户对于信息内容

---

[1] 陈卫星. 新媒体的媒介学问题 [J]. 南京社会科学，2016（2）：116.

的喜好和亲近度。互联网不仅激活了个体的传播活力，也激活了个体的信息偏好，在网络空间里，有共同志趣和爱好的人聚集在一起，相互之间发表意见、讨论话题，形成网络社团和群体。随着云计算、大数据技术的兴起，更是可以精准地帮助用户满足信息的偏好。对于用户偏好需要的满足，标志着互联网已经进入用户的主观情感世界中，是互联网持续深入介入人们日常生活和精神状态的新阶段。随着智能化的持续发展和互联网在商业领域的扩张，跨平台识别身份与需求的能力变得越来越强大，这是一种建立在大量的用户数据之上，用猜测好恶需求的方法来设计算法的技术。如今比较著名的网络应用及服务，包括购物、音乐、阅读、新闻等无不使用对于用户偏好的推算。其中最为著名的例子便是今日头条、一点资讯等网站使用偏好推荐的算法技术来做智能化的内容分发。在今日头条中用户只要根据自己的兴趣简单点击几次新闻资讯，在后续的时间中后台会根据其点击习惯和浏览时长等特征自动匹配推送相同类型的信息。

用户偏好互动对于互联网群体传播的意义在于，其使互联网可以快速实现有着共同话题、观点、兴趣的人的群体聚集，实现"人以群分"，为互联网群体传播的群体聚集提供便利、高效的手段。

三、互联网媒介技术的共享关系

互联网聚合平台效应下的共享关系，为互联网群体及群体传播进行信息及观念共享，让互联网从信息内容、表达方式、价值观念、服务经济等方面营造群体效应。聚合指的是将分散的聚集到一起，在网络用语中指对互联网各种数据的收集和使用方式的集合。从技术的角度来看，聚合是指对有关的数据进行内容挑选、分析、归类，最后得出人们想要的结果的数据转换过程。近年来，随着大数据的发展，聚合技术已经广泛地应用于文本分析、信息安全、网络传输和商务应用等领域。平台是人们利用网络技术进行交流、交易、学习的具有很强互动性质的技术系统。而互联网媒介是一种具有极强聚合功能的平台，即借助对信息数据的分析完成各类信息传播和社会服务的技术工具。

随着大数据、云计算技术的出现与发展，围绕网络构成了信息时代新的功能与方法。互联网集传播媒介、技术平台、虚拟社会以及经营平台等功能于一体，它的"功能集成"的多平台属性越来越明显。正是因为业务平台和应用平台的社会化使用，使应用功能和应用服务得到开发和扩展，创造了互联网独特而有效的交往方式——共享关系。这种共享关系，不仅是信息的共享，也是基于商业活动的服务共享。

随着网络服务功能的加强，特别是网络支付技术的发展和应用，在一个平台上以应用服务汇集众多用户，以简便方法供用户使用，去掉烦琐的中间作业环节，成为网络重要的商业服务形态——共享经济。互联网最初的设计理念就是信息的交流与共享，随着Web2.0时代的到来，各种网络虚拟社区、BBS、论坛等开放式平台开始出现，人们和陌生人之间表达观点、分享信息。同时平台技术和网络支付技术，催生了陌生人之间进行商品交易和服务的共享经济模式。

共享经济是通过一个由第三方主导创建的、以信息技术为基础的市场平台来实现的，这个平台通过建立移动LBS应用、动态算法与定价、双方互评体系等一系列机制来提供商品和服务；个体用户可以在平台上交换物品和自己的知识、经验，或者提供某项服务；共享平台作为连接双方的纽带，使供给者与需求者可以在这个平台进行交易。以电商为代表的共享式商业模式，最本质的特点是去中介化。它打破了劳动者对商业组织的依附，可以直接向最终用户提供产品，它可以通过平台直接沟通卖家与买家，去掉了传统商业模式中的各级代理，同时还可以通过平台的聚合能力，使全世界的买家卖家可以同时在这个平台上进行交易，淘宝网等就是典型的例子。

互联网的共享关系从信息传播领域扩展到了商业、服务等方方面面，其所具有的独特魅力是传统信息传播和商业模式所不具备的。这种魅力不仅是基于算法的平台效应，更是因为共享关系从来不是简单的内容、商业、服务等事实性信息的传播，而是带有人们对信息需求的态度、观点和意见的。也就是说，互联网的共享关系，更多地表现出了人的主观情感需求，对人需求的观照也是互联网商业能够成功的重要因素。而这种全方位的共享关系，让人们在多个层面上进行群体内部的分享和协调，让群体传播超出了信息领域，进入社会生活、商业流通等服务层面。

第二节　认同的社会心理需要

人的需求是促进人自身发展的条件，也是推动社会发展的核心动力之一。每一种媒介的发展与普及，既是源自人的某种需求，又是在人的特定需求下不断完善和发展的。从互联网的产生来看，虽然最初是源于军事目的，但互联网最后由军事用途走向普通民众契合了人们的基本需求，以其独特的信息传播方式满足了人们对于信息交流的需求。互联网时代群体传播的形成也是人们需求的结果，人的需要和媒介技术的发展，共同推动着群体传播的形成与演变。

一、媒介与心理需求的媒介环境学考察

按照媒介环境学派的观点来看，今天的互联网发展越来越具有了人的智能化特性，其在不断向满足人的需求的方向演进发展，越来越人性化。也正是互联网对于人性需求的深层次满足，使人越来越离不开互联网，社会生活也越来越网络化。互联网从诞生、发展到广泛且迅速地普及，都说明了需求对媒介的强大力量，需求在互联网的演变中起到了决定性作用，使得互联网呈现出今天的面貌。

首先，需求推动了互联网媒介技术的功能转变。任何技术的发明，包括媒体，都是为了解决人类的一些需求，并且在满足人类需求的过程中不断完善和发展。从传播史的角度看，口语、书面语、印刷、广播、电视等媒介都是在人类信息交流和社会交往的需要下产生和发展起来

的，只是因为每一种媒介技术都有其特有的传播特性和偏向，总是在满足人们的某些需求时而无法满足另外一些需求，每一种新的媒介都是在保留旧媒介特性的同时扩展新的功能，也正是对媒介有限性的突破激励着人们对新媒介的发明与创新，这种创新既包括对传播的时间和空间限制的突破，也包含着对信息传播符号（文字、图画、声音、图像）的不断完善，而这背后都是对人全面延伸和拓展的需求的满足。在对互联网媒介技术演变和连接要素演变的梳理中，我们清晰地看到互联网本身的开放性、去中心化等技术特征，契合了人们新的信息传播需求，致使互联网从美国走向世界，从军事用途走向民间用途，从有着特定指向意味的Internet转向了普遍的、人尽皆知的Internet，完成了其功能和用途的转变。

而商业化的应用和推广让互联网得以更为快速的发展，商业化背后其实是通过资本驱动激发了人对互联网的深层次需求。商业化运作使网络应用、网络服务更为便捷，通过资本逐利能够让互联网与人的需求更为紧密。如今的社交、通信、生活应用、金融支付等商业化应用，使得互联网已经完全将人包裹其中，人与网络须臾不可分离，人们越来越依赖互联网所提供的优势和便捷的平台，这也产生了更高更深的新需求，进而推动了互联网媒体的不断完善和功能转型，这也是互联网从终端连接向内容连接、关系连接转变的需求动力。

其次，人的需求决定了互联网的人性化发展方向。人们对信息传播和社会交往方式的需求将会引领包括互联网在内的所有媒介技术的发展方向，也就是说对人性化的满足与尊重决定了互联网的演变趋势。"技术的人性化即自然化，尤其是传播媒介的人性化即自然化。"[1] 媒介总是朝着满足人类生存需要和人性化方向发展，这是媒介获得发展的天然选择。而人的需求也是不断调整的，从基本的需求到较高层次的需求，从单一需求到较为丰富的需求，都要求新的媒介要有新的特性。

---

[1] 保罗·莱文森. 思想无羁 [M]. 何道宽，译. 南京：南京大学出版社，2003：121.

新的需求会导致人们对新媒介的追求与创新，互联网也在普通大众的使用过程中被不断地重塑。互联网从早期的终端连接，到内容连接、关系连接及服务连接，每次的连接要素变更及连接方式的变化，都是对人需求的响应，突出了人的传播地位，人成为传播的核心、传播的动力、传播的节点和传播的基本单位，人变相地成为互联网时代的"技术因素"，人与互联网深度嵌入和融合。相信未来的互联网无论是人与物的连接还是物与物连接的智媒化发展，人性化都是其演变的基本动力和发展趋势，只有基于对人性的充分满足和利用，互联网才会继续在未来得以生存。

二、群体传播的认同需求

认同（identity）一词在社会、文化及政治领域均被使用，其意义包含同一性和个性两个层面：同一性方面指的是将自我归入群体中，是对自己与群体中其他人所拥有的共同性、一致性的认知；个性方面是对"我是谁"的认知，即对自己与其他人差异的强调。这两个层面看似是对立矛盾的，但其实是一个硬币的两面，对同一性的认同是基于个性差异且对个性进行确认的过程，也就是说人们在对自我个性进行群体化确认，在同类当中确认自我。群体认同包含家族、地域、族群、公民身份、国家及文化认同等。认同理论是社会心理学中非常重要的概念之一，它直接涉及我是谁或者我们是谁、我在哪里或者我们在哪里的反思性理解。[1] 而在更普遍的意义上，认同被视为同一性、统一性等，它是对"某一事物与其他事物相区别的认可，其中包括其自身统一性中所具有的所有内部变化和多样性。这一事物被视为保持相同或具有同一性"[2]。从主体来看，认同可以分为个人认同和群体认同，认同的形成也需要具备认同者与认同对象两个要素，即自我与他者，以及自我与他

---

[1] 周晓虹. 认同理论：社会学与心理学的分析路径 [J]. 社会科学, 2008 (4): 46.
[2] JAMES M B. Dictionary of Philosophy and Psychology [M]. New York: The Macmillan Company, 1998: 504.

者的关系。

　　身份认同是人的存在意义和经验的来源，也是人自身意义的来源。身份认同是由个体通过个体过程构建的。虽然身份可以产生于一个主导性的支配制度系统中，但只有被社会行动者内在化，其意义是建立在内在化过程之上的，才能成为认同。从社会学的角度来看，所有的认同都是被建构起来的，但真正的问题是：他们是如何、在哪里、通过谁、为谁建构起来的。认同建构的材料来自历史、地理、生物等方面，来自生产与再生产体系，来自集体记忆与个人幻觉，来自权力机器与宗教启示。对比与分类是身份认同建构的有效手段。

　　意义是认同的核心，对意义的寻求是认同形成的原因。被个体或者群体所赋予的意义是人们形成认同的基础，认同的意义并不是每个人或者群体所固有的，而是在具体的社会文化环境中通过交流建构起来的，交流和对话构成了认同建构的主要手段。法国心理学家特洛特认为，人们通过交流与对话实现群体成员的身份确认和群体认同的建立。个人或者群体对于意义的接收并非被动的，而是为了寻求心理确定性而主动选择的，具有较强的主体能动性。

　　行为是认同的表现，这是认同作用的机制。个体自我认同和群体认同对于个体人格发展、心理健康及群体维系都是非常关键的，"从个体层面上看，具体的社会认同在很大程度上影响着一个人的各种行为和基本偏好；从社会层面上讲，认同是确定群体的符号边界、实现群体向心力的生产和再生产、确立群体的内向的合法性的必要条件"[1]。无论是个人认同、群体认同还是社会认同，每个人与他人、群体乃至社会互动的起点都是作为个体的自我概念，人们通过对群体、社会的认同来寻找自我的意义。每个个体在成长中，总会有意识或无意识地对自我进行认同，这种认同是通过觉察和识别、对比和归类来完成的。在思考"我是谁"的过程中，我们不断对自身加以塑造和重新认识，包括生理特

---

[1] 李友梅，等. 社会认同：一种结构视野的分析 [M]. 上海：上海人民出版社，2007：12.

征、情绪特征、精神特征、角色特征、与别人的关系、自我的优势和弱项等，而进入一个或者多个群体是对自我识别的基本途径，对群体的认同从某种意义上来说就是对自我的认同，对群体某种属性的偏向也就是对自我某种属性的反映。这种自我认同需要在群体中找寻，也需要在群体成员中进行反馈，认同需求是群体存在的原因，也是个体进行相应社会行为的原因。

认同理论经历了自我认同、社会认同等不同阶段。第一，现代心理学意义上的认同是由弗洛伊德提出的，他认为认同是个体与他人、群体或被模仿的角色之间的情感和心理趋同的过程。美国心理学家埃里克森提出了"身份"的概念，强调个体对自我的认识和认同。第二，社会认同理论是对身份的补充，是自我概念的组成部分，来源于个体的社会群体认同及其相关的价值观和情感。20世纪70年代，Tajfel等人提出了在群体行为研究中不断发展的社会认同理论，重点研究个体对群体的归属和认知，以及个体在群体中的分化、互动和整合。第三，曼纽尔·卡斯特、吉登斯等的后现代身份理论研究趋向关注全球化和现代性对个体和群体身份的影响和变化，其中也包括网络社会对身份的影响。曼纽尔·卡斯特认为"网络社会意义是围绕一种跨越时间和空间而自我维系的原初认同建构起来的，而这种原初认同，就是构造了他者的认同"[①]。他更多的关注点是群体认同，而不是个人的认同。

第三节　社会文化的群体区隔影响

作为文化性动物，人创造了文化，反过来又被文化所创造。人既是文化的主体也是文化的对象，人总是生活在文化环境当中。人们对于文化的追求，其本质是对意义的探索，是意义的创造和传播。文化与媒介

---

① 曼纽尔·卡斯特. 认同的力量 [M]. 曹荣湘，译. 北京：社会科学文献出版社，2006：6.

已经无法分开,媒介是文化得以呈现和传递的物质介质,而文化也决定了媒介的内容、形态与呈现方式,文化与媒介在相互作用之下推动着传播主体关系的变化,社会文化因素是互联网群体传播形成的社会土壤。

一、文化与媒介的关系

对媒介和文化关系的研究的重视构成了媒介环境学派的一个特点,其对文化的研究切入点既不像经验学派那样探寻媒介管理策略,也不像批判学派对媒介文化进行单纯地批判。媒介环境学从更为宏观的视角对媒介技术的发展与社会变迁进行研究,阐释媒介与文化的关系。传播学研究者林文刚认为媒介环境学派旨在研究社会文化、媒介技术与人类传播之间的互动共生关系。媒介不仅是文化的表述和传递工具,也是社会信息交往和文化存在的场景和环境。媒介环境学对媒介和文化的观点一言以蔽之,就是文化和技术的互动与共生。

第一,媒介环境学派以媒介技术的发展来划分文化形态的变迁,强调媒介对文化的影响。媒介技术的视角是该学派研究的核心切入点,阐释了人类社会媒介与文化的发展和演变,将媒介的发展与文化的变迁联系起来是其重要的特征。伊尼斯将媒介分为时间偏向和空间偏向,不同偏向属性的媒介具有不同的文化特性。传播媒介作为社会信息流动的工具,通过这些工具所呈现出来的交往形式,发生在一个文化当中,也会创造一种文化。从这个角度来看,传播媒介已经成为社会存在和变化的工具,也成为个人社会化和实现认同的场所,对媒介的选择也就是对文化的选择。媒介对文化的影响非常巨大,传播技术的变迁会通过符号、社会性质等的变化而作用于文化。法国著名哲学家让·博德里亚曾提出:"铁路带来的'信息',并非它运送的煤炭或旅客,而是一种世界观、一种新的结合状态。电视带来的'信息',并非它传送的画面,而是它造成的新的关系和感知模式、家庭和集团传统结构的改变。"[①] 大

---

① 让·波德里亚. 消费社会 [M]. 刘成富,等译. 南京: 南京大学出版社, 2000: 132.

众传媒对于社会的影响自不用说，而互联网媒介的发展和普及对人们原有文化进行解构和重构，让个体化成为社会的主要文化特征，对人类文化产生深远的影响。

第二，媒介环境学派认为文化会对技术的发展有很大影响，文化会影响媒介的功能和走向。新的媒介技术的发展与普及，初期都会受制于原有社会文化，媒介受制于原有文化的约束和影响。中国印刷技术的发明虽然早于西方，但是其发展与扩大却远不如西方，这是与中国的文化相关的。中国文字的方块形结构，以及人们对雕版印刷的深刻认同，都使得印刷术未能获得进一步的发展。而在西方，字母文字的构造便于印刷术的使用，后期印刷术又与宗教革命等文化改革联系在一起，推动了欧洲个人主义乃至后期文艺复兴的发展。互联网媒介与大众传媒相比，其对平民文化、草根文化的发展起到了极大的助推作用，使底层文化和市民文化快速崛起。

第三，媒介环境学派认为人类在媒介交往中创造出了文化形态，新媒介即新文化。文化存在于人的行为中，人们通过媒介来创造文化、呈现文化、承载文化和传承文化，媒介的变化会导致文化的变迁，新的媒介会呈现出与原有媒介不同的新文化形态。每种新的媒介都会对原有媒介进行调整和修改，这重组了人们认识世界和感知世界的媒介系统，而对世界新的认知和感知也形成了新的文化表现形态。书写文化与印刷文化不同，电子媒介与印刷媒介也不同，媒介的演变也让宗教、政治和社会发生了变化。互联网媒介的出现也会创造出新的文化形态，在互联网时代视听化、场景化、碎片化传播迅速崛起，这些都是传统大众传媒所不具有的现象。

媒介技术与社会文化相互作用，相互塑造，共同推进社会发展。技术作为文化的载体，是文化发展的动力。而媒介总是受制于现有文化的影响，并且在其发展壮大之后形成新的文化形态。也就是说，媒介技术既是手段也是目的，技术与文化的关系总是辩证的、动态的。互联网媒介正在用当下的现实来证明这一切，人们从同质化的大众文化剥离出来，个人、群体乃至国家都成了互联网上的一个个传播节点和传播单元，按照自己的方式组合形成一种群体生存状态，也形成了群体传播的文化特征。

二、文化的区隔性与群体形成

文化本身具备两种属性：一方面文化被特定群体成员创造、共享，由此文化具有区隔群体的功能；另一方面文化是动态的、变化的，其在各类群体之间的沟通、交流和互动中丰富、建构甚至重塑文化自身具有的过程性。"文化是一种重要的社会情境，从多方面——制度、权力、等级、阶层、语言、历史记忆、器物、风俗——对人群进行区分，将之分为不同的群体。"① 文化的区隔性和过程性是群体形成的重要原因：文化的区隔性一方面是群体内部成员的认同机制，文化共享于群体成员，促进群体内部认同；另一方面是群体之间区别的原因，又凸显了群体之间的差异。随着群体的变化与互动，也会导致文化的变化，使群体中的个人形成多种身份和认同。

文化作为群体成员的共享内容，是群体内容认同的标志，其可以是共同的身体特征、祖先起源、宗教、语言、历史记忆等被赋予的、不可更改的、较为神圣的重要内容，也可以是服饰、饮食、居住模式、生活习俗等日常化、可以发生变化的内容。文化作为特定群体的社会认同，在各群体之间共处的情景中，具有明显的区隔性，人们因为不同的文化形成不同的群体。在一些群体中，文化通过其特定的符号予以表现，如犹太人使用的帽子和清洁食品、基督教徒群体悬挂的十字架配饰、印度人的服装配饰等，都是通过特定的符号对群体进行建构，形成其固有的群体认同。

文化还可能在特定的社会环境中，在人们的生活实践、人际互动、社会发展中形成，成为区隔各类社会群体的具体标准。法国社会学家布

---

① 吴莹. 文化、群体与认同：社会心理学的视角 [M]. 北京：社会科学文献出版社，2016：5.

迪厄曾用"惯习"与"场域"的概念，来表达文化如何成为阶层群体区隔的重要形式。英国广播公司推出的纪录片《人生七年》（7Up），跟踪拍摄了英国社会不同阶层的14个7岁孩子的成长历程，其成长经历显示孩子的未来和父母关系密切，一个人出生的社会阶层和所属群体的文化氛围，对其未来成长有着重大且根本的影响，一个人很难突破原有社会阶层和群体的限制。

文化的区隔虽然是群体内部成员的认同力量，但群体内部的认同反过来会成为别的群体的区隔，也就是说文化的区隔性一方面会助推群体内部的凝聚，另一方面会导致不同群体之间群际关系的割裂。不同文化相遇时，会形成不同的群体关系，这种文化或基于宗教、民族、国家等较为宏观的层面，或基于习惯、性别、爱好等较为微观的层面。在互联网时代，因为不同文化导致的群体区隔快速显现，群体呈现出非常复杂且多样的面向，有可能是不同国家、民族、宗教的群体区隔，也有可能是不同兴趣爱好导致的群体差异。

第四章

互联网群体的情感认同

情绪是"对一系列主观认知经验的统称,一种具有组织性、深刻内涵,并且持续变化的心理状态"①。"情绪不仅是我们表达情感、传播思想的重要方式,也是信息,是表征各种复杂社会关系的特殊信息。"② 情绪是伴随着每个人的,情绪对于人们的认知、行动有着非常重要的作用,情绪构成了人的心理状态,情绪也成了信息本身。个人情绪的产生与蔓延是和社会密切相关的,也是随着社会情境和社会关系的变化而变化的,社会成为个人情绪产生的环境。互联网时代,情绪在信息传播过程中成为重要因素,信息传播呈现出"弱事实、强情绪"的特点。而情绪化传播快速凸显,其背后的原因是互联网媒介的个人化本质以及互联网媒介群体传播的转向。

第一节 互联网情感研究及情感转向

一、互联网的情感研究梳理

互联网既是舆论的集散地,也是情感的发泄场,情感成为理解和治

---

① 王潇,等. 情绪感染理论研究述评 [J]. 心理科学进展,2010,18(8):1239.
② 隋岩,李燕. 论群体传播时代个人情绪的社会化传播 [J]. 现代传播(中国传媒大学学报),2012,34(12):10.

理网络舆论的关键线索。网络舆论与传统大众传媒舆论相比,呈现出了鲜明的情感化与情绪化传播特点,情感(affective)成为网络舆论的内核性因素,也是互联网舆论研究不容忽视的核心议题。以往网络舆论中的情感研究,要么呈现出较为浓厚的"技术主义倾向",要么将情感置于"情感—理性""个体—社会"的二元对立框架中,缺乏将情感作为一种社会交往实践行为的整体性视角。而情感社会学和情感实践理论等是"对情感如何强化或延伸最具生产性的学术范畴的理论化",认为"情感是思想,是语言,更是行动",情感化(affectization)是人与社会相联结、令自身融入文化并获得身份认同的必要环节;人必须认同情感的逻辑、掌握情感的规则,才能实现对自身主体性的确认,是一种情感研究的新视角。基于此,将网络舆论情感研究置于传播主体组织类型的群体化视角当中,并将情感视为一种社会交往实践行为,探究群体传播时代网络舆论情感发生、认同和传播等机制,并提出治理、引导网络舆论情感的对策和建议。

目前国内外关于舆论中的情感研究大体经历了三个发展阶段,现综述如下:第一,从显舆论研究转向潜舆论研究,关注舆论中的情感因素,但是其研究是基于传统大众传播理论范式,未过多涉及互联网舆论。国外关于潜舆论的研究始于20世纪20年代,如瑟斯通(Thurstone)认为"潜舆论就是内在态度、潜在意愿表达出来的舆论"。之后,奥尔波特(Allport)、多博(Doob)和凯(Key)等对瑟斯通潜舆论理论进行了发展。国内潜舆论研究大致始于20世纪80年代,沙莲香将舆论分为显在性舆论和潜在性舆论。陈力丹认为潜舆论就是指存在于特定事件之前的公众对社会事物的既有情绪和意见。刘建明、马乾乐、喻国明、陈力丹、胡钰、徐翔等研究者都关注到了社会重大事件舆论背后未被公开表达但有着强大感染力的隐性因素。但这一时期的研究只是将情感视为潜舆论的一种,更多的是将"潜舆论"视为一种公共情感;加之当时的研究多是基于广播电视等大众传播范式,未涉及网络舆论层面。

第二,从舆情本体研究转向舆情主体研究,开始关注网络舆情发生的主体及其背后整个社会的情感逻辑,但情感被视为个体化的非理性表达或者社会层面的公共情绪,将情感置于"个体—社会""情感—理性"的二元对立框架当中。网络舆情包括主体、客体和本体三个方面,主体是指网络舆情表达的全体参与者,客体是指直接引发网络舆情的事件、现象或问题,本体是指网络舆情呈现出来的意见文本。在传统新闻传播学、政治学、情报学等学科视野影响下,网络舆情情感研究偏重意见文本、话语方式等舆情本体。而情感社会学认为网络舆情背后的社会情感逻辑才是重要的,"说什么"不重要,"为什么说"才是问题的关键,舆情研究转向了个人、社会等层面的主体研究。如谢金林从个体和社会两个层面讨论舆论事件中的情感问题:从个体层次看,事件对网民的情感刺激决定了网民对事件的解读方式,从而直接影响公共话语建构和网民的社会认同;从社会层次看,网民的情感反应根植于社会文化之中。洪杰文、张春华、喻国明等学者都认识到了网络舆情所具有的社会性。对舆论主体的研究,使情感被视为个体化的非理性表达或者社会层面的公共情绪,陷入个体与社会、理性与非理性的二元对立当中,忽视了人与人、人与社会之间的动态情感联系。

第三,从舆论事件研究转向舆论情绪研究,关注网络后真相时代"重情绪、轻事实"的网络情感传播,但缺乏情感研究背后主体组织的网络群体化转向,以及情感作为一般性社会化过程的视角,忽视了情感作为个体实现群体认同、群体区隔等社会行为的实践作用。网络社交媒体的普及使社会公共舆论发生了一个显著的变化,这种变化可以用2016年牛津词典的年度词汇"后真相"来概括,即在网络舆论中事件真相不再重要,取而代之的是情感、观念等。这种巨大的转变,使学界对于重大事件网络舆论中的真相研究转向了情感,并形成了一些基本共识:第一,情感是推动舆论形成和传播的力量。主要探讨情感、情绪对于网络舆论的作用和影响,主要研究者为刘丛、谢耘耕、万旋傲、袁光锋、隋岩等。第二,情感是网络舆论中的认同机制和抗争策略。通过情感表达来实现网络群体聚集、群体识别、群体区隔和舆论抗争,主要见于情感与社会抗争的研究，国外如古德温（Jeff Goodwin）、贾斯伯（James M. Jasper）等的研究，国内相关研究代表学者有隋岩、杨国斌、郭小安、袁光锋、王木君等。这一阶段的研究虽然已经注意到了情感在舆论中的核心作用和功能，对情感研究取得了很大成就，但是未涉及网络舆论传播主体群体化转向，缺乏对于情感作为一种群体认同等社会化过程的实践研究视角。

综合来看，现有研究有三方面的特点：第一，现有的网络舆论情感研究成果丰富，基本上形成了"个体情感研究"和"公共情感研究"两个维度取向，前者强调个体的情感习得与规范表达，主张将情感视作个人实践理性（practical reasons）的一个组成部分，并强调对情感与其他社会因素共同作用塑造个人理性行为的过程做出细致的描摹；后者则关注社会当中的情感规则和公共情绪，研究集中于社会运动中的情感驱动力，认为情感是社会抗争、社会抵抗的驱动力，[①]也是推动组织化社会的重要力量，属于"情感—行动"理论框架。第二，在上述两种维度研究当中，使对网络舆论情感的研究陷入"个体—社会""情感—理性"二元对立处境当中，要么将其置于个体和非理性的认识层面研究个人情绪如何蔓延到公共舆论当中；要么将其置于社会公共情感层面，研究情绪在公共舆论中的影响及其在个体当中的影响。第三，网络舆论的情感研究与网络舆情主体组织结构变化相脱节，缺乏网络舆情主体群体化转向的研究视角，即互联网媒介所形成的传播组织类型是群体传播，而非广播电视媒介时代的大众传播。总体而言，现有的研究缺乏一种超越原有二元认知论和"情感—行动"的框架视角，未将情感置于群体传播的背景当中，去考察其作为一种社会行为的传播实践活动。

二、情感转向的理论视角

在世纪之交，随着人文社会科学基本研究范式的演变，情感成为众

---

① 郭小安. 舆论引导中情感资源的利用及反思［J］. 新闻界，2019（12）：27.

多学科热议的话题，这是继"语言转向""文化转向"之后的又一次基本范式的调整，被称为"情感转向"。情感是人生活在世界上的基本属性，也是人类日常生活信息传播、空间建构的重要组成部分，在社会、经济、政治和权力中扮演着重要角色，影响着人们对过去、现在和未来的认知。具体到本书，在媒介使用和乡土空间建构中本身就有内在的情感需求，情感是信息传播的动力和内容，也是社会关系的重要力量，情感甚至成为舆论、社会差异背后的重要驱动因素。"情感转向"使我们研究媒介、乡土空间等议题时增加了新的理论维度，凸显了"关系性""主体间性"等思想，提供了理解媒介与社会生活的新视角。

在过去几十年里，人文社科研究领域发生了对身体、情感认知的转变，即"情感转向"（Affective Turn），将身体、情感等置于社会研究的核心地位，这使情感研究发生了一场革命。情感转向是对西方社会理论所呈现出的重理性、轻肉体与情感的理性哲学倾向的修正，其根本意义在于对"人"的更多的发现，对于情感的新的兴趣，可能使社会科学研究中的"机器人"形象变得有生气。[1]

情感转向为我们研究网络舆论战提供了独特的理论视角。媒介学研究中的实践理论强调在日常生活之中去把握人与技术的关系，在具体场域当中研究媒介使用的微观层面，"作为这些细碎日常实践的伴随状态，情感既是具身的（呈现为个体化的情感状态），也是脱域的（呈现为集体化的情感表征），它由此成为在多个维度连接数字媒介实践的线索。因此，作为理解数字媒介使用的理论范式，情感维度是其区别于传统媒介研究的主要特征"[2]。

一方面，互联网呈现出了以"情感化"为诉求的传播特征，观点、情绪、立场等情感化诉求已经成为网络传播时代的重要传播手段和诉求点。互联网媒介拓展了传统媒体的符号形态，如文字、视频、图片、音

---

[1] LUTZ C, WHITE, G. The anthropology of emotions [J]. Annual Review of Anthropology, 1986（1）：431.
[2] 自国天然. 情之所向：数字媒介实践的情感维度 [J]. 新闻记者，2020（5）：45.

频、表情包等,强化了情感表达的范畴,是人们社会交往过程中情感表达的重要场所。赫克托·麦克唐纳(Hector MacDonald)认为,真相和逻辑在信息传播的过程中被忽视,而情感煽动主导着舆论。互联网带给信息传播业的不仅仅是传播工具和渠道的变化,更是对以客观、中立、事实为追求的新闻专业精神的冲击。在传播技术变革、信息过剩、眼球经济等多重原因的影响下,传统的新闻专业主义精神对于事实的关注度不断下降,更加关心对于事件的情感理解,即追求情感、观点和立场的接近性和一致性。

另一方面,互联网媒介传播关系进入"群体化"当中,呈现出了一种"无组织的组织力量"。[1] 近些年学术界关于"群体""圈层""圈群"及其传播等研究,其本质是学者都关注到了互联网媒介所形成的传播主体组织形态的群体化转向,是互联网群体传播的不同研究面向。群体传播(Group Communication)主要是指群体及群体之间的信息传播活动,通过群体内部之间的信息交流和传播活动,连接和实现共同目标和协作意愿的过程。群体传播是"群体进行的非制度化的、非中心化、缺乏管理主体的传播行为"[2]。群体传播相较于大众传播和组织传播,缺乏专业性、组织性很强的传播机构,更多呈现出一种传播的自发性、平等性特征。

2009年,著名文化人类学家和历史人类学家莫妮可·希尔(Monique Scheer)提出了"情感实践"的概念,认为"情感是身体和大脑的真实体现,受社会条件和行为习惯的深刻影响。因此,情感是思想,是语言,更是行动"[3]。之后她广泛吸收其他学者的"惯习概念"(Concept of Habitus)、"延展认知理论"(Extended cognitive Theory)等研究成果,

---

[1] 克莱·舍基. 未来是湿的:无组织的组织力量[M]. 胡泳,沈满琳,译. 北京:人民大学出版社,2009:6.

[2] 隋岩. 群体传播时代:信息生产方式的变革与影响[J]. 中国社会科学,2018(11):114.

[3] UTE F et al. Emotional Lexicons: Continuity and Change in the Vocabulary of Feeling [M]. Oxford: Oxford University Press, 2014.

将"情感视为以社会为基础的个体化实践"①。基于此,情感也就是"人们经历的、体验的和做(do)的事情"②。这种认知视角,使得情感研究跳出了原有的"理性—非理性""个体—社会"的二元对立困境,使情感研究进入到更广阔、更隐蔽的领域,"情感并不仅是人的意识、身体的反应,也是一种人类的实践活动"③。在这个意义上,情感成为人们的一种"意识的行为"④,人们的情感表达必然也与场域、资本、惯习等密切相关。

第二节 互联网群体的情感认同及其机制

自互联网媒介普及以来,尤其是社交媒体的普遍应用,并没有实现人们早期所预想的弥合"认知鸿沟"的美好愿望。相反地,人们在认知、交流和对话过程中,呈现出了强烈的群体性诉求与群体性情绪。从社会思想来看,世界原有开放、平等的价值观被挑战,民粹主义、民族主义、地区保护主义甚至种族主义沉渣泛起。从信息舆论来看,舆论对立甚至舆论极化已成常态,信息交流陷入到了彼得斯所说的"交流的无奈"之境地。

一、互联网媒介时代的抗拒性认同

"新媒介的传播就是关系传播。传播的本质是寓于传播关系的建构和传播主体的互动之中的,传播是社会关系的整合,并且关系总是按照

---

① 查理斯·齐卡,张广翔,周嘉滢.当代西方关于情感史的研究:概念与理论[J].社会科学战线,2017(10):254.
② 袁光锋.迈向"实践"的理论路径:理解公共舆论中的情感表达[J].国际新闻界,2021,43(6):59.
③ 袁光锋.迈向"实践"的理论路径:理解公共舆论中的情感表达[J].国际新闻界,2021,43(6):59.
④ SOLOMON R C. Ture to our feelings: what our emotions are really telling us [M]. New York: Oxford University Press, 2007: 157.

自身的意志来裁剪传播内容的，传播是通过一种被传播的内容来反映或说明一种关系的。"①建构关系是所有媒介尤其是互联网媒介对人类社会一个重要影响，一种新媒介即一种新关系，互联网媒介是一种关系型媒介，其对关系的建构相较于其他媒介更为有效和便捷。互联网媒介带来了新的传播关系和传播组织形态，也带来了新的认同机制。

群体认同是个人认同的重要渠道。个体通过对相应群体认同的接收或者摒弃，来实现对于自我的认知，在群体的鉴别与认知上完成对于自我意义的寻求。而人们建构认同的形式和来源有合法性认同（Legitimizing Identity）、抗拒性认同（Resistance Identity）和规划性认同（Project Identity）三个类型。合法性认同产生于市民社会，依靠人们产生的合理化结构对其支配来源的认同，由社会的支配性制度引入，以便扩展和合理化其对人们的支配，也就是产生一套组织和制度，以及一系列被结构化的、组织化的社会行动者。抗拒性认同是那些地位和环境被主流逻辑贬低或侮辱的行动者所拥有的，这些行动者建立了抵抗的战线，并根据不同于或违背现有社会制度的原则生存下来的群体认同，是基于对其他价值或理念抗拒式认同而形成的共同体。抗拒性认同是社会最重要的一种认同方式，如民族主义、宗教激进主义、地域共同体所表达的都是"被排斥者对排斥者的排斥"，是对支配性制度建构出来的防卫性的抗拒性认同。抗拒性认同是中国社会中最为常见的认同类型，有学者认为，在当前中国网络威权主义的背景下，网络民众的抵抗性认同成为占据主导地位的互联网抗争动力。② 这也是弱势群体或者社会边缘群体常用的认同方式。规划性认同是指社会行动者构建一种新的身份，重新定义他们的社会地位，从而寻求一种基于任何现有文化材料的全面的社会转型认同。例如，女权主义跳出了对女性身份和女性权利的抗拒，挑战了父权制和父权家庭，最终挑战了社会长期依赖的整个生产、

---

① 谭天. 媒介平台论：新兴媒体的组织形态研究 [M]. 北京：中国人民大学出版社，2016：79.
② 赵蒙旸. 在线抵抗性认同的构造与消解 [J]. 浙江传媒学院学报，2013，4：39.

生育、性和人格结构。规划性认同产生了主体,即集体的社会行动者。

在以报纸、广播和电视为媒介基础的大众传播时代,社会的认同是以合法性认同为主的。这是因为大众传播是专业化媒介机构面向大众进行的信息传播活动,其信息传播的主体是有着社会整体价值追求的社会精英,其内容是符合社会整体制度安排的信息,其受众是没有过多选择空间和表达权利的"乌合之众",大众传播所构建的是一整套社会支配性制度下的合法性认同和规划性认同机制,是为社会整体价值和制度服务的。从历史上看,20世纪30年代,美国社会出现了全国性的杂志、广播、电影等媒体,通过广告带来商品的流动,通过媒介塑造统一的市场观念和环境,这些媒体带来全国性的统一市场和商品流通,服务于资本主义市场经济这一制度。丹尼尔·贝尔认为"以广播、电影为代表的大众媒体的兴起'使受众屈从于同一套供应的文化资料'"①。也就是说,大众传媒使人们形成了一种思想认知,有着强烈的合法性认同功能,增强了社会的同质化。

网络社会和群体传播的到来为个体和群体提供了可以超越自身界限的有效机制,也为其认同提供了便捷工具。在现实物理社会中,由于受到特定的历史条件和制度环境的制约,社会学和心理学会关注到由于经济条件、生活条件和职业差异的限制,对于个体的身份认同或群体的身份认同在群体构成、组织结构和制度关系中有不同的影响。在网络媒体时代,个人有很大的表达意愿和进行评价的自由,个人、群体甚至可以摆脱周围环境的限制,进入更广阔的网络世界进行信息传播,形成多种形式的群体身份。原有社会形成的认同,在以互联网为代表的信息时代不断衰微。互联网媒介是凸显个体化的,个体在互联网世界获得了相对独立的空间,并在此基础上实现了个体价值、个体地位和个体自由的追求,导致了原有社会价值体系的大分裂。人们超越了原有制度规范限制中的企业组织和社会群体,进入一个更为广泛的全民族社会空间乃至全

---

① 展宁.大众传播溯源:社会情境、根本问题与价值立场[J].新闻与传播研究,2019,11:82.

球社会空间,形成了一个充满动态和生机的网络社会。"于是,社会认同的展开空间和认识社会认同的研究视野也逐渐明确地从个体、群体进入到社会。"①互联网交往空间给网民提供了匿名表达观点、沟通意见的平台,使个人和原有群体突破限制,进而形成超越自身和原有群体限制的新认同。

新的社会结构中的空间、时间和技术都发生了变化,互联网群体的合法性认同影响力减弱,抗拒性认同和规划性认同崛起。一方面人们通过对对方的排斥而形成所属的群体认同,另一方面因为群体之间无法和平相处而期望重建一种新的规划性认同。随着互联网的持续发展,抗拒性认同无法调适与其他群体的关系,从而更多地呈现出更加强调自我的规划性认同,强化"我们是谁"的群体认同。也就是说,互联网时代群体认同更多地呈现出抗拒性认同和规划性认同两种特点。

二、互联网群体传播认同机制

基于前面案例的具体分析,如果说合法性认同和规划性认同都是有着关于社会整体支配性制度和自我身份确认的理性因素,那么抗拒性认同更多的是一种对立认同,是基于对立、抗拒而形成的认同,这种认同更多地体现出了非理性色彩的情感因素。

在互联网媒介和群体传播过程中,抗拒性认同中最显著的是情感化因素。互联网群体认同中,对于个体的凸显以及情感化(包含情绪)因素成为其主要认同特征。

一方面,网络社会抗拒性认同是具有较强情感因素的认同机制,情感是其核心因素。抗拒性认同是通过对他者排斥所建构起来的,而情感是其主打的因素。曼纽尔·卡斯特指出,以种族为基础的民族主义、宗教的宗教激进主义、民族主义者的自我确认,都是"翻转了压迫性话

---

① 刘少杰. 网络化时代社会认同的深刻变迁[J]. 中国人民大学学报,2014,28(5):67.

语词汇的引以为豪的自我贬低,表达的都是被排斥者对排斥者的排斥"①。诸如对宗教激进主义群体的研究表明,宗教教义并非文明冲突的核心问题,社会发展落后及文化话语权力式微而形成的愤恨情感才是问题的关键,正如尤尔根·哈贝马斯年在接受《西班牙国家报》采访时提出:宗教激进主义是现代的产物,它是殖民主义终结后的全球资本主义所引发的社会现象。这在"屌丝"一词的使用中体现得淋漓尽致。"屌丝"一词所代表的群体特点是外形上的贫穷、丑陋、低矮、矬胖,行为上的笨拙、粗俗,是处于社会边缘、底层的普通人,缺乏生活热情和人生目标,与"高富帅"和"白富美"等群体形成强烈的反差。"屌丝"的自称,是对自身生活境遇不满者通过话语构建的情感群体,是社会底层群体的身份共意。"屌丝"的自称,构成了社会底层群体对社会权力群体的话语抗拒,是"被排斥者对排斥者的排斥",通过抗拒建构群体认同。

另一方面,互联网媒介对于个体个性的尊重,使个体可以摆脱原有社会群体的限制,情感性因素成为主要的认同机制。互联网的匿名性使个人可以暂时脱离原有社会群体对个体的束缚与压制,个体可以在互联网空间中凸显个体特性,并可以通过基于大数据的算法推送,使有着共同爱好、兴趣、态度的人结成新的群体。在网络中,大量的社会认同是通过转发、评论等方式进行的,方便且快捷地表达着自己的意见,或赞同或反对,或接受或排斥等,通过感性层面进行群体认同与群体区隔,"不能把网络社会表象仅仅理解为是个体表象及群体表象的汇集,网络社会表象是具有自身主体(社会主体)的感性意识,并因此具有与个体表象和集体表象不同的特点和功能"②。如果说基于血缘、地域、职业、民族、宗教等因素形成的群体是先天性的、不容易改变的且群体压力较

---

① 曼纽尔·卡斯特. 认同的力量 [M]. 曹荣湘, 译. 北京: 社会科学文献出版社, 2006: 8.
② 刘少杰. 网络化时代社会认同的深刻变迁 [J]. 中国人民大学学报, 2014, 28 (5): 67.

大的,那么互联网群体既可以是上述群体的网络延伸,也可以是完全背离原有群体属性和约束的个体的自由重组,而个体的这种群体认同更多地体现在态度、观点、爱好等情感性因素。

三、互联网群体认同的路径

互联网群体传播的情绪传播和情感认同的发生机制与形成路径,主要包含话语共意、身份共意和情绪共意三个部分,这也是社交媒体的传播基座。

话语共意是"创造一种交流的公共话语,是网民在交流、沟通过程中,参与的各方共同赋予话语符号以意义,并借助这些符号建构起来彼此理解的桥梁,塑造对事件的共识"①。这是互联网群体传播情绪表达和情感认同的前提。公众通过对话语符号的建构,来传递自己对一些事物的观点和态度,与"志同道合"者达成意义共享,达到共意的目的,完成群体识别和群体聚合。在网络公共空间中,人们会使用一些网络特有词汇进行话语共意,如"何弃疗"(为何放弃治疗,暗指别人有病不应放弃治疗)、"我伙呆"(我和我的小伙伴都惊呆了)等。

身份共意是"公众在信息传播与沟通过程中所表现出来的身份特征,通过相同或相近观点的表达达到拥有相近身份的目的"②。这是互联网群体传播情绪表达和情感认同的关键,也是互联网媒介平民化、草根化的重要表现。网民通过对共同身份的展示而形成群体,借由身份试图证明"我们"的共同体。需要说明的是,互联网群体在公共舆论前,更多地呈现出身份上的平民化、底层化和草根性,这是一种对精英、权力、财富的排斥式的抗拒性认同。如"屌丝"一词已经成为一种公共身份共意的代表,按照身份所属进行群体聚集。而基于身份的攻击也是

---

① 谢金林. 情感与网络抗争动员:基于湖北"石首事件"的个案分析 [J]. 公共管理学报,2012,9 (1):90.
② 焦德武. 微博舆论中公共情绪形成与传播框架分析——以"临武瓜农之死"为例 [J]. 江淮论坛,2014 (5):30.

情绪传播和情感认同的重要方式，如指责对方为"五毛"或"五毛党""美分"或"美分党"。

情感共意即"网民在面对同一公共事件时产生的相同或类似的情感"。①情感共意是互联网群体情绪表达和情感认同的基础。情感是人们对于事物最直接的体验与认知，尤其在中国社会，人们对于情感的认知是非常明显的，这是基于中国人情社会的基础，"情理法"是普通民众对于社会事物认知的顺序。

借助互联网媒介，民众通过话语、身份和情感共意参与到社会公共事务的讨论中来，但互联网本身的技术赋权，也导致了互联网舆论的民粹化、负面化等特征，成为一种对抗、解构体制的力量，也是抗拒性认同的核心情感化因素。

---

① 焦德武. 微博舆论中公共情绪形成与传播框架分析——以"临武瓜农之死"为例[J]. 江淮论坛，2014（5）：30.

第五章

互联网群体情感认同中的社会关系和中国语境

文化的区隔性会推进群体的形成与群体的割裂，不同的社会文化传统对于群体的形成却有着不同的影响。中国社会传统文化与世界其他文明有着较大的差异，其对人们的社会关系、群体意识等都有着不同的影响，也使其群体和群体传播有着不同的特点，也相应地会在人们的群体聚集、群体特征及群体意识等方面产生不同的偏向。

第一节　原有社会群体关系在互联网中的延伸与演变

人们在漫长的社会生活中基于多种原因和认同形成了各类群体关系，互联网群体既有现实群体的网络化，即现实群体在虚拟网络世界的再现，也有纯粹基于网络而形成的群体，他们与社会现实关联较弱，主要是因网结缘和以网结缘的群体。这也就是说，网络时代的群体一方面受制于传统社会学意义上的群体，人们会根据自己的民族、血缘、种族、宗教、地域、职业等归属在网络上活动，寻找属于自己的网络群体，如互联网上的家族群体、共同信仰的宗教群体等；另一方面因为互联网对个体传播的赋权及个性化的放大，个体又会在网络世界中形成个性化的群体，会摆脱原有社会群体归属，如在家庭聚餐时成员之间缺乏交流却积极进行网上聊天，或基于某种爱好形成的趣缘群体，或对某一事件和家人意见不同而在有共同价值观点的网络空间寻求帮助等现象。随着互联网嵌入日常生活的广度和深度不断扩大，已经不可避免地出现了充分尊重个体特性、以情绪为主的网络群体和基于血缘、地缘、种族、宗教等传统社会群体的交叉和碰撞，原来只存在于网络社会中的观念和认知已经试图进入现实社会当中。

原有社会群体关系会延伸到互联网世界中，互联网不仅重构和强化着现实中的群体关系，也形成了基于原有社会群体关系和互联网群体关系的双重认同。

一方面，互联网群体是现实社会群体关系的延伸，互联网群体难以摆脱现实群体的结构和规范，人们依然会对原有社会群体进行认同。人们在现实社会中，总是生活在特定的群体当中，群体对个人提供的保障和安全感，是个体通向社会的桥梁和平台，也是个体面对社会时的力量和后盾。群体对个体而言，既会约束个人的认知和行为，也是其赖以生存和发展的社会资本，是个体实现自我、获取信息和安全保障的手段。群体意识、群体规范、群体压力以及个人在群体中的地位、权力的不平等，是任何群体都存在的情况。

进入互联网时代之后，表面上看来都是对原有群体关系的瓦解和抑制，因为互联网的显著特征是对个体的赋权和去中心化，形成以个体为传播节点的个体化社会，个体对原有现实社会群体及群体文化的挣脱是非常明显的。但随着互联网的持续发展，尤其是社交平台迅速崛起之后，基于现实社会关系的社交平台将现实社会中的群体结构带入互联网中，人们在现实社会群体中的权力结构、群体意识和群体压力等依然会在互联网上具有较强的约束性。

基于工作关系建立起来的工作微信群或者同事微信群，是原有社会群体关系在互联网上延伸的典型案例。一般来说，工作中的等级关系和分工，会反映到互联网上，团队中的管理者是群体中的中心，其意见、发言等会被重点关注。在对众多工作微信群的观察中发现，绝大多数微信群是沉默的或者发言较少的，主要发言的是团队管理者，这与现实群体关系结构是一样的。差异在于，在工作群中，其他成员会积极通过文字、微信表情包等对管理者的发言表态，而现实环境中成员或因为不好意思或因为文化原因很少进行表态。微信工作群构成了一个公开且封闭的场景，管理者在群中的发言如果没有成员回复、跟帖，会形成一种较为尴尬的氛围；而当有人开始跟帖回复时，其他成员会在这个封闭的场景中感受到强烈的群体压力，从而也会回复、跟帖。

在传统的社会群体当中，群体存在中心和边缘的情况，资源的中心一般都是群体的中心。而当现实社会群体进入到互联网社会当中时，原有社会群体中心一般情况下也会是互联网群体的中心，这体现在具有较高社会地位、社会资源、社会权力的人进入互联网中也会成为网络意见领袖，以原有社会关系为基础的微信等社交平台更是如此，人们在互联网中，对于原有群体的规范、权力中心等意识依然会存在，甚至因为互动的公开性会增加原有社会群体的结构关系。线上平台的群体互动因为其公开性和网络群体所处的虚拟空间的"封闭性"，群体成员之间的交流会被全部展现出来，互动过程会比私下互动更具有表演性，更容易形成群体压力。

另一方面，在互联网当中会对现实社会群体进行重构，互联网会对原有群体进行调适，形成新的群体特征和新的群体认同机制。虽然互联网群体无法彻底摆脱现实社会群体特征，但人们在个体化的互联网虚拟空间中，会对原有社会群体进行重构，并有了寻找新群体归属的可能性。在互联网的虚拟世界中，个体可以摆脱原有社会群体的约束和规范，并根据其多重需要建构多种群体，通过媒介平台、标签和分组、互动方式和互动频率等方式完成对新群体的认同和对原有群体的脱嵌。个体在一定程度上对建构群体和脱离群体有了较大的自主性和自由度，从这个意义上来看，互联网群体之于传统群体，是一种以个人化特征为中心的群体关系，个体在群体中有着较大的自主性，是一种强化了个体化的群体。通过这种方式，个体可以极大地扩展属于自己的群体，也可以对原有所属群体进行重构。在互联网上，个人可以和萍水相逢的陌生人成为某个方面的同路人，也可以疏远基于血缘、地缘形成的原有社会群体。

自从智能手机普及后，每年春节的家庭聚会构成了一道奇特的风景。一方面，人们基于血缘进行家庭聚会，以维系家族群体关系；另一方面，却出现了"身在曹营心在汉"的情况，即家庭聚餐时长辈和晚辈虽然同坐一席，但彼此交流较少，更愿意低头通过手机与志同道合的朋友们发信息，享受着基于自己偏好的群体关系。手机等移动互联网，甚至对家庭群体关系产生了巨大影响，使原来作为家庭共享仪式的电视被极大弱化，彼此交流更少，低头看手机的人更多。在这种新型互联网群体当中，人们的认同不再仅仅是基于原有的社会群体关系，而是更具个人特性的认同，更强调群体对于自我认同的建构作用。

第二节　互联网媒介与中国传统社会群体关系的调适

一、中国社会中的"群体本位"文化

文化学者易中天在《闲话中国人》一书中通过中国人和美国人吃饭时所表现出来的不同，以小见大，指出中国和西方两种文化的根本差异："中国文化的思想内核是'群体意识'，而西方文化的思想内核是'个体意识'。"① 西方文化强调先有个人后有群体，个体自由发展后群体才会享有自由发展，群体不是天然存在的，而是人为组织的。而中国文化则强调群体，个体作为群体的一员不能脱离群体生存，群体是社会的主要单位。所谓的个体意识，就是认为每个人都是单独的个体，具有独立的人格与自由意志，个人是整个社会的基本单元。而群体意识则强调个人作为群体成员之一，是具有共同意志和共同人格的群体的一部

---

① 易中天. 闲话中国人 [M]. 北京：华龄出版社，1996：28.

分，群体利益高于个体利益，个人的意志必须服从于群体意志。

中国传统文化伦理具有重群体而轻个体的价值取向，长期的封建宗法社会将人们束缚在土地上，安土重迁的思想非常浓厚，人们只能依靠群体得以生存。中国的社会结构是家国一体的模式，家与国相互连接，轻视个体特征。在这种社会结构与文化体系下，人伦、人情与人缘三位一体，所有的文化价值都是指向群体的，个体的价值只能依存于群体，群体是个人存在的基础。在中国文化中，形成了以血缘为基础的群体关系，以家为中心进行社会伦理辐射，家与国、父与君被勾连在一起，社会文化结构中的父子、君臣关系由此形成。在社会上，"圈子"文化盛行，个人只是群体中的一分子，个体通过各种关系构成群体，留给个人或者自我的空间很少。这种重视群体的群体本位文化传统，为中国人重视国家、民族、社会利益提供了良好的价值取向，但其对个体的压迫也是不容忽视的。而西方文化传统是崇尚个人与自我的，是一种个人本位的文化。从公元前6世纪雅典城邦民主制开始，就十分强调个人以及个人的作用。这与西方社会以工商、航海为主的社会生产方式密不可分，其社会流动较大，重视商业和契约，必须界定个体人身关系，个体自然会成为社会的基本单位。同时西方社会非常重视法律，这要求个体成为社会的基本单元，个人承担和享受法律的义务和权利。在这种文化中，个体是独立于他人的，个体可以独立实现自己的目标，忠于自己内在的想法和情感，容易具备独立的人格。

中国社会具有浓郁的"群体本位"和"群体意识"文化传统，近代以来又面临一系列国家和社会的变化，使中国社会的思想和文化发生了更为复杂的变化。近代以来，中国社会所面临的危机，使中国人自晚清睁眼看世界，以"天下"自居的中国人突然面临西方人所开创的现代"世界"概念，中国在被动挨打的无奈、愤懑和悲悯心态下开始了向西方学习的艰难历程。历经百余年的奋斗，今天的中国获得了极大发展，但社会发生了极大的变化：一方面，中国传统文化和现代社会文化并存；另一方面，社会情绪多元且矛盾交织，既有对西方的向往也有对西方的愤懑，既有对社会既得利益的羡慕也有对其的不满，整个社会呈现出多样性和复杂性。

二、中国社会文化影响下的互联网群体传播

在中国社会"群体意识"和"群体本位"的文化传统影响下，和在极速变化与情绪较重的社会环境中，都会让互联网在中国社会发展当中呈现出一些独特的现象，具体到互联网群体传播方面来说，主要体现在几个方面。

首先是中国互联网总体上比较强调个体，试图在互联网的虚拟世界中脱离原有的社会群体关系。中国社会的群体生存文化当中，人们基本都是在特定的群体当中生活的，社会对于人的认知更多的是从群体的角度开始，忽视个体特征和需求。在这种漫长且浓厚的群体本位思想压制下，强调个体特性、民主表达、话语赋权的互联网获得了青年群体的青睐，成为其自我个性表达与展示的平台。互联网最早的使用群体大多是青少年，其对于传统群体文化的压制较为反感，更崇尚个性表达与自我认同，这更加重了中国互联网的个体化特征倾向。对血缘群体、地缘群体等原有社会群体关系的反叛也成了中国互联网的重要文化现象，如在论坛、QQ等平台上，人们都是以匿名状态与其他人相互交流的，原有社会关系在此时是缺席的，人们在互联网提供的自由且匿名的虚拟空间中可以暂时摆脱家庭、学校、地域等原有社会群体关系的限制，进行更为个人化的新群体的聚集。而原有社会群体关系一直到微信等基于熟人关系的社交工具普及后，也进入互联网世界当中，如家人群、老乡群、同事群等，与陌生人群体一道构成了中国互联网群体传播的特征。

其次是中国互联网群体的聚集与传播更强调兴趣、爱好、观点等趣缘因素，淡化原有社会群体关系。正因为中国现实社会中牢固的血缘、地缘等群体关系，使人们在互联网世界中会以更具个人化的兴趣、爱好、观点、态度、情绪等为标准形成群体聚集，原有社会群体关系在互联网世界中被淡化。在对各类社交网络应用进行梳理时发现，互联网应用考虑到其产品所对应的客户偏好，会在其应用上形成群体聚集。如豆瓣、知乎的使用群体和百度贴吧等用户群体具有显著的差异，前者更具有专业性和文艺性，后者则较为流行化和大众化，但无论是豆瓣、知乎、贴吧、微信、微博等哪一种社交应用，人们在使用过程中更多地都是基于话题、态度等因素进行聚集和传播，人们更容易找到自己感兴趣的话题，更容易传播与自己意见统一的帖子。

最后是中国互联网群体传播具有显著的情绪化表达特征。每当有重大社会事件时，在互联网舆论场中会弥漫着巨大的情绪对抗，信息会基于情绪进行传播。这与中国社会的普通民众较为单一、封闭的思维方式密切相关，也与中国处于剧烈的社会转型期有关，社会充满情绪，思想价值多元，思维认知多样，且缺乏统一、理性、公正的讨论空间和文化氛围，使情绪成了人们评判事件的标准和宣泄渠道。

总体而言，在互联网群体传播当中，中国社会所具有的独特文化传统和社会现实，都使群体传播既有相对个体化的倾向，也有原有社会群体关系的延续，呈现出异样的复杂性。但从另外一个角度来看，从互联网群体传播发生、特点、机制等角度来看待中国社会舆论，或许打开了一扇新的观察窗口。

第六章

互联网群体的情感传播及其表现

互联网群体传播时代对以客观、中立、事实等为价值追求的新闻专业主义产生了冲击，互联网呈现出了"情绪化"的传播特征，观点、情绪、立场等情绪化和情感化因素已经成为这个时代重要的传播手段和诉求点，甚至其重要程度已经超过事实本身，使互联网的信息传播呈现出非常复杂的面向。

第一节 "弱事实、强情绪"的互联网传播

在网络传播时代，当我们打开手机资讯、社交应用时，推送给我们的信息中，充斥着大量恶搞、猎奇、低俗信息，它们的标题夺人眼球，但内容却言之无物，无论是语言表达还是内容呈现方面，都充满了情绪化、片面化的倾向。甚至连《人民日报》、央视新闻等传统主流严肃媒体，在其"两微一端"发布的信息中，受到网络媒体信息传播特征的影响，也具有强烈的情感化表达特征。互联网等新兴媒体带给信息传播业的不仅是传播工具和渠道的变化，更是对以客观、中立、事实为追求的新闻专业主义的冲击，互联网时代呈现出了以"情感化"为诉求的新兴传播特征，在信息传播过程中，观点、情绪、立场等情感化因素已经成为网络传播时代的重要传播手段和诉求点，甚至其重要程度已经超过了对于事实本身的关注。当下学术界研究热点"后真相"，也是认为

相对于具有较强随意性、变动性的情绪、意见和观点来说，事件和事实真相本身的重要性在降低，而这些意见和观点往往是建立在人的本性基础上，人们更能通过情绪和意见建立彼此间的信任，而非我们传统上认为的事实本身。白岩松在中国人民大学演讲时曾经说过，如今的互联网时代，新闻评论可以成为新的新闻，观点成为新闻的时代已经到来。

互联网传播的"情感化"特征与传统大众传播有着很大的差别，它对人们对社会的认知、受众组织形态、新闻专业主义以及传播话语形态都产生了深刻的影响。

一、信息传播的情感偏向

如果说大众传媒是通过议程设置等手段来制造共识，那么网络传媒则是转向了圈层式的传播，在网络传播时代，人们之间达成共识的基础已经不是事实了。过去只要事实清晰，人们是可以在一个价值体系下达成一致的，但现在人们达成一致的基础变成了身份、道德和价值观，甚至仅仅是简单的审美趣味，形成"人以群分"的现象。相对于传统的大众传播，只输出事实性的信息是绝对不够的，同时要更多地关注信息接收者的其他身份特征，如社会阶层、道德标准、价值追求、兴趣爱好、审美情趣等。笔者观察了《人民日报》、央视新闻等中央权威严肃媒体的"两微一端"，其发布的信息中诉求情感的内容占据很大比例，甚至推出了《夜读》等充满"心灵鸡汤"的栏目。在重大新闻的发布上，也使用了民间"叫卖"式的新闻标题，内容上突出重点，语言活泼生动，"情感化"表达特征非常明显。

关于媒介本身所具有的传播偏向，涉及从麦克卢汉的媒介思想到媒介环境学，从媒介技术哲学到德布雷的媒介学研究等，均以媒介参与社会结构和社会互动的角度来审视媒介主体本身的传播倾向。媒介作为一种关系的表征，不同的媒介技术也会体现出不同的传播特点和偏向。媒介的时空偏向理论是哈罗德·伊尼斯的媒介理论中最关键的部分之一。媒介理论的主要观点为，在媒介和传播技术的产生结果中，环境具有第一性，内容的重要性次于环境。而伊尼斯的传播偏向理论则进一步提出，每种不同的媒介或倚重空间或倚重时间：倚重时间的媒介保存时间较长，但不易于运输和在偏远地区传播；而倚重空间的媒介质地轻薄易于携带，但留存时间不长。在这样的理论视角启发下，人们认为纸质媒体是一种时间偏向性媒介，因为纸质媒介保存信息的时间相对较长，其信息具有保真性与持续性的特点。从空间维度上看，每张纸上所承载的信息量是有限的，而且如果要对信息进行修改与更新，必须进行重新印刷及流通。因此，纸质媒体所承载的信息需要的物理空间实际上比电子媒体要大得多。同时人们认为传统电子媒体是空间偏向的，因为从时间维度上看传统电子媒介能保存信息的时间很短，在频道上播出的信息转瞬即逝。

二、信息接收群体的"圈层"转向

传统大众媒体面向的受众是整体性的，通过大众传媒的宣传与引导，人们形成了大众传媒所希望和所塑造的共同体。大众传媒时代，人们相信事实，以真相为追求，在共同的价值判断下彼此信任，而在互联网虚拟社会中，以往群体之间的信任（这种信任可以是具有相对"普世价值"的"政治正确"、全球化、民主与自由等）正逐渐被一种反传统、极端化、民粹化的社交网络姿态所代替。各个社会群体之间依然以信任为媒介彼此联系，但不同的是，信任的发生不再以事实为主导，而是依靠情绪化的本能，也就是观点、情感和意见。被信任的往往不是值得信任的对象或者事实，而是与自己观点和意见相一致的意见者。借助情感的认同甚至会导致对不信任者的逆反心理，形成所谓的"对立认同"，"对立认同"是双方具有某种共同的对立面而形成的联合。[①] 人们在信息接收过程中，重视如社会阶层、道德标准、价值追求、兴趣爱好、审美情趣等标签，并以此形成了情感上的"鸡犬之声相闻，民至

---

① 全燕. "后真相时代"社交网络的信任异化现象研究[J]. 南京社会科学，2017(7)：113.

老死不相往来"的一个个圈层。

值得说明的是,由于人们本身对社会和事物认识时的"刻板印象",加上融入圈层和群体后群体对其的影响,个体本身具有的从众心理、悯弱情感等,很容易让圈层变成一个个偏见共同体。法国著名社会心理学家勒庞在《乌合之众》中用"乌合之众"来形容群体,认为个人的意识、精神和行动会被群体的意识、精神和行动所左右,并且会自发地放弃各种各样的约束,在这种情况下最理智的人也会像动物一样去行动。同样,在大量的信息中,人类本来具有的悯弱心理会让人们在事件发生时天然地站在弱势一方,认为他们是值得同情和关怀的,需要对其伸出援手。偏见共同体是"情感化"传播的典型产物,是较为极端的以情感、观点和立场为诉求与区分的群体。

三、网络传播时代新闻专业主义的困境

新闻专业主义是西方新闻机构在漫长的新闻从业发展中形成的专业标准和专业追求,是传统新闻传播机构得以维系的底线,也是其媒体公信力、权威性的有效保障。传统新闻机构的把关人通过议程设置等方式,把控着信息传播客观、中立和真实的价值追求。然而进入网络传播时代,把关人权力转移、弱化,议程设置能力不断丧失,大众传媒在信息传播中的中介作用被剥夺、削弱。《新闻记者》杂志社主编刘鹏认为,我们很可能进入了一个去中介化真相时代,曾经传统媒体作为中介带有自己的相对客观中立的身份,通过这样的角色身份实现权威性背书,这是媒体以专业主义来包装塑造自己的一个重要原因。传统专业媒体的价值是真相挖掘,理性坚守,更重要的是对议程议题公共价值的把握,是超越表象、浅层、道德,看到社会公共问题的价值,而这些在网络媒体的"情感化"传播特征面前,就显得苍白而乏力,因为这不是简单的叙事方式变化,更有社会经济、心理等深层次原因。然而,最为严重的是新闻专业主义所立足的土壤发生了深刻的改变,吕新雨教授提出"新媒体资本垄断主义"一词,指出"传统媒体成为丧失了平台优

势的内容生产商,只能免费把内容交给别人的平台,但在平台上售卖广告的权利却被剥夺了——自己辛苦种下的庄稼只能眼睁睁看着别人收割。于是,今天的平台商成为虚拟空间的中介,不生产任何产品,靠营造级差地租就可以获得垄断利润"①。新闻专业主义如何在网络传播时代立足,已经成为一个问题。

网络媒体的"情感化"传播已经弥漫整个网络,也已经溢散到传统媒体的信息传播中。情感式的表达与情感的诉求,必然会在新闻生产、信息传播乃至受众群体形态、受众心理等方面产生深刻的影响,对传统新闻传播业和新闻生产带来极大的影响,这是值得我们研究的领域。

第二节 群体传播与情感传播视角下的网络语言

随着互联网的极大普及与应用,人们在使用互联网的过程中形成了别具风格、自成特色的网络语言,即网民在使用网络过程中产生的语言表达方式。这些网络语言发展较快,意义多元,传播广泛,其中一些热点、经典网络语言及其表达方式已经超出互联网的表达和使用平台,进入到现实生活中,成为人们的日常用语和常规表达。网络语言兴起于互联网技术,发展于互联网的普及,但其具有如此强大的生命力与多样性,已不单单得益于一种技术和平台,其背后有着不容忽视的社会层面的原因,是互联网时代下群体传播的一种表征与诉求。

自网络语言产生至今,随着其影响力的不断增强,对于网络语言的关注和研究也在持续加大。湖南师范大学的陈敏哲、白解红在其《汉语网络语言研究的回顾、问题与展望》中通过梳理和分析,认为网络语言的研究主要经历了三个阶段:第一阶段为 1994 年至 2000 年,该阶

---

① 吕新雨. 新媒体时代的"未来考古":传播政治经济学视角下的中国传媒变革[J]. 上海大学学报(社会科学版),2018,35(1):129.

段的研究主要聚焦于网络语言的态度与规范问题，有关学者主要围绕着对待网络语言的态度和网络语言的规范问题进行研究与探讨，并有了一些关于网络语言的性质、形式特征和修辞现象的初步研究；第二阶段为2001年至2005年，该时期的研究探讨重点为网络语言的性质及形式等方面的课题，是对网络语言进行系统研究的开始，研究者从词汇到语篇，从理论层面上探讨了网络语言的性质、网络词语的属性特征以及构词方式、网络语言和文化的关系等，开启了网络语言研究的新阶段；第三个阶段从2006年开始，兴起了对网络语言的意义及社会认知心理的研究，此时的研究开始试探阐述和分析网络语言特点和网民的社会心理特征之间的深层次关系等。[1]

无论是在社会大众的使用层面还是从网络语言研究者的角度，人们对于网络语言的态度经历了从漠视到重视，从有所抵触到不得不重视的转变。网络语言的研究也经历了从简单的态度和规范研究，发展到了对于网络语言性质、用词、构词、文化等方面深层次、多角度的研究。由于传播技术的变化和传播组织模式的变迁，除却网络语言的语言学层面的词汇、形态、句法和语义等研究外，当下的研究者更侧重于对网络语言背后的社会思想与社会心理的关注和彼此的互动研究，这开启和拓展了网络语言研究的深层次和跨学科研究，让我们可以跳出单纯语言分析来看网络语言，也可以借助多学科来更深入地窥视网络语言本身。

按照技术发展的逻辑，人类传播的历史经历了口语传播、文字传播、印刷传播、电子传播和互联网传播等阶段，但是按照传播的组织方式来说，传播又分为人内传播、人际传播、组织传播、群体传播和我们所熟知的大众传播。将技术分类和组织方式分类进行匹配，人际传播大体对应的是口语和文字传播时代，大众传播则借助的是以报纸、广播、电视为主要代表的印刷传播和电子传播，而互联网的产生和普及则是以群体传播为核心。网络语言诞生、发展在互联网技术与传播时代，如果

---

[1] 陈敏哲，白解红. 汉语网络语言研究的回顾、问题与展望 [J]. 湖南师范大学社会科学学报，2012, 41 (3)：131.

我们从以互联网为基础的群体传播角度来探讨网络语言，则会对网络语言有一个新的切入角度。

一、群体传播的互联网逻辑与特征

媒介技术的发展与变迁是人类传播组织模式转变的基础性因素，甚至麦克卢汉借助"媒介即讯息"的著名论断走红很多学科领域。有研究者称，伴随着互联网技术的拓展，大众传播独尊的时代正被群体传播、大众传播、人际传播、组织传播并行的时代所取代，其中群体传播的特征尤为凸显，并对其他传播形态产生影响。群体传播正推动着媒介传播方式、互联网商业模式，乃至人类生存模式的新一轮发展和变革。所谓群体传播，是群体进行的非制度化的、非中心化、缺乏管理主体的传播行为，传播的自发性、平等性、交互性，尤其是信源不确定性及由此引发的集合行为等是群体传播的主要特征。① 群体传播区别于人际传播和大众传播最核心的特征是其群体性和自发性，区别于大众传播最核心的特征是其非中心化、平等化和互动性，区别于组织传播的最大特征是自发性、平等性和交互性。群体传播是一个明显区别于人际传播、组织传播和大众传播的传播模式，又是一个与其他传播模式高度关联的传播组织模式。

群体传播虽然很早就存在于人类社会的传播组织模式之中，但在传统上其地位远不及大众传播、人际传播和组织传播。在现实的物理空间层面，群体传播的开展对于空间的依赖度比较大，并且群体传播的非中心化、自发性等特点，使传播人员的聚集缺乏有力的动力和组织者，有效的群体传播很难持续和发展起来。另外，传统的媒介技术和其传播特征，都对群体传播推动比较乏力。比如在口语时代，是带有中心化的小众传播；在文字兴盛时代，阅读更多地带给人的是人内传播和组织传播的体验；在印刷产生乃至电子媒介时代，专业的媒介机构推进的是中心

---

① 隋岩，曹飞.论群体传播时代的莅临［J］.北京大学学报（哲学社会科学版），2012，49（5）：139.

化、组织化的大众传播。

互联网技术的产生与发展，极大地契合和助推着群体传播的发展，但是值得说明的是，互联网传播技术只是群体传播时代到来的媒介技术性因素，群体认同同样也有其他因素，比如政治、思想、经济等。学者隋岩指出，群体传播也是产能过剩和互联网技术普及共同作用的结果。换言之，群体传播崛起的社会土壤是产能过剩。[①] 随着人类社会科学技术的发展，社会生产工具的不断改进，社会生产方式发生了前所未有的改变，社会生产力空前提升，当下社会处于一个"供大于求"的社会经济状态。互联网因其特有的技术特征，"以个人为基本单位的传播能量在互联网社交媒体中被激活，个人操控社会传播资源的能力、个人湮没的信息需求与偏好、个人闲置的各类资源都在互联网社交媒体之中被激活"[②]，社会信息生产力也被激活，信息领域的生产过剩也日益凸显。传统上处于信息匮乏和被动接收状态的受众，在互联网时代则变成因为信息过度而需要进行挑选、过滤的用户，信息变成互联网用户手中实现自我价值和自我认知的工具，用户个体的自我认知需要在海量信息之中日益突出。

互联网作为一种革命性、颠覆性力量，正在重构着整个社会的信息资源配置模式和权势构造，互联网社交媒体的个人赋权、互联网媒体的社交化功能、移动社交媒体的场景化与互动化趋势、互联网媒体的大数据与智能化发展等特性，似乎都在扩张传播着非中心化、个体化、非组织性、平等性和交互性，这些传播特征都与群体传播特征高度吻合，互联网传播技术特征成了群体传播的平台和媒体要素。互联网社交媒体的个人表达的赋权以及个性需求被满足的特性，正是为群体传播提供了人员准备与信息传播的可能性，是以群体为传播单位的个人表达和个性化

[①] 隋岩，曹飞. 论群体传播时代的莅临 [J]. 北京大学学报（哲学社会科学版），2012，49（5）：140.

[②] 喻国明，等."个人被激活"的时代：互联网逻辑下传播生态的重构——关于"互联网是一种高维媒介"观点的延伸探讨 [J]. 现代传播（中国传媒大学学报），2015，37（5）：1-2.

表达的基础；场景的变化，对于其中的人来说，会对其在角色定位、行为规范等方面产生基础性的影响，说得直白一些，就是在网络社交媒体时代，对人们产生影响的不再仅仅是信息内容，而是通过改变、营造社会生活本身的一个全方位、立体化的场景来塑造人们的行为与感受。学者彭兰甚至说"移动时代场景的意义大大强化，移动传播的本质是基于场景的服务，即对场景（情境）的感知及信息（服务）适配；换句话说，移动互联网时代争夺的是场景"[1]，社交网络媒体的场景化、社交化特性，为个人情绪化表达搭建了网络上的虚拟空间和场景，这个场景将会强化遍布在世界各个角落个体的在场感和现场氛围，加深个人或者某个群体本身的感情与观点；同时，信息科学技术的发展也正在推动媒体向更加智能迈进，网络社交媒体借助云计算、大数据、人工智能等先进技术，能够根据用户对于互联网使用的数据进行深度分析，从而更加精准、有效地向用户推送用户比较有兴趣的内容和与自身态度相吻合的观点，互联网社交媒体的用户可以借助社交媒体中的"拉黑"、屏蔽等手段将与自身兴趣与观点不同的人隔离，在互联网社交媒体中真正出现了"物以类聚、人以群分"的社会群体现象，互联网社交媒体凭借着大数据、智能化等特征，通过对互联网数据的综合分析让散落在各个角落而不互知的个人和群体能够快速准确地找到自己的同类，形成传播的群体特质。

学者隋岩通过对大众传播和群体传播的分析，认为群体传播有以下几方面的传播特征：一是群体传播中传播主体一方中传播者的非专业化，这与大众传播时代专业的传播组织和机构是不同的，群体传播时代传播权力下移到普通人手里；二是媒介多样化，这是基于互联网衍生出的各种传播渠道和终端的；三是传播内容的个性化，无论是传统上的组织传播还是大众传播，对于内容和传播形式都有着严格的审核和把关机制，而群体传播的非中心化、非组织化、自发性等传播特征会让传播内

---

[1] 彭兰. 场景：移动时代媒体的新要素 [J]. 新闻记者, 2015（3）: 20.

容无论从形式上还是信息本身都呈现多样化、个性化等特征;其四是传播过程多向化,就是在网络群体传播时代,信息不再是撒播式的单向传播,更多的是一种信息互动和博弈,呈现出交织状态。①

由于互联网时代传播的信息来源具有非常强的多样性,观众本身的选择性会极大提升。受众的信息接收从之前的传播到现在的选择,因选择而强化了人们本来的信息差别,固化甚至强化了彼此间的信息偏好而形成了不同的群体类型。美国学者唐纳德·肖等提出了"议程融合"理论,其意思是人们选择、使用媒介往往是为了对自身所处社群的归属需求,使用媒体也就是在帮助使用者强化这种归属感,同样也是强化不同人群或群体之间的形成与彼此之间的割裂,对于归属感的追求与强调是群体传播的社会心理基础。从本质上看,群体传播是基于自我认同和群体认同的传播形态,具有鲜明立场、观点和情绪化特征。

二、群体传播视角下的网络语言特征分析

通过上述对网络群体传播的互联网技术因素、社会经济因素的分析和对群体传播特征的梳理,我们将在群体传播视角下重新审视网络语言现象。

(一) 网络语言特征

有研究者通过对网络语言中极具代表性的视频弹幕进行统计和分析,认为网络视频弹幕语言有如下特征:语义内容专指性、语义内容情色性、语言形式外来性、语义内容小众性、语言形式专用性、语言形式预警性、信息关联专用性、违背质准则等。

语言形式专用性和语义内容专指性是相关联的,是指一些网络语言的发生和存在是只能基于互联网传播平台或具有相似性的关联传播平台的,是有着特指的。这些网络语言的产生更多的是来源于互联网技术原

---

① 隋岩,李燕. 论群体传播时代个人情绪的社会化传播[J]. 现代传播(中国传媒大学学报),2012,34(12):11.

因，比如"清屏""度娘""弹幕""檀木"（对弹幕的误读）、"挂挡"（意思为视频无法观看）、"UP 主"（意思为上传者）、"鬼畜""BUG""房卡"（意思是防卡）、"刷屏""野生字幕君""我来组成头部"等。此外还有一些基于网络平台传播的表情包、火星文等，都是网络语言的专用形式。而比如"楼主""楼上的"等，则构成了网络语言表达内容的专指性。

语言内容情色化是指在网络语言中，充斥了大量的色情词汇和表达，并呈现趋势化发展，这和网络语言使用者的底层化和私密化是密不可分的。在传统语言表达中，情色表达大多带有贬义色彩，但在网络语言中，情色化内容已经不仅是中性和贬义了，也呈现出了一些褒义感情。比如在视频弹幕中，网名用"已撸"（意思是已经自慰或者手淫）来赞美一个东西好看，而不用"漂亮""美丽"等传统惯用语言，甚至还衍化出了"先撸为敬""双手打字以示清白""双脚打字以示清白"和"意念打字以示清白"等网络语言表达。

语言形式的外来性则是指网络语言中夹杂了特别多外来用语，这些外来用语不仅仅是不同于汉语的外语，也有一部分是区别于汉语普通话、白话文之外的汉语其他方言表达。有些是数字类型的，如"666""888"；有的是英语的，如"BUG""BGM""OP"；也有中文和标点符号与英语的组合，如"AVI" "UP 主"；有的是日语的，如"番剧""吴克"；甚至还有一些迥异于汉语常规表达的词汇，如"出大招""读条""血槽已空""国服""无双""送人头""单刷""副本""好感值""经验值"和"N 刷"等。

语义内容的小众性是一个相对意义上的概念，虽然说网络语言的影响力已经非常巨大，但毕竟还是一个比例问题。一些网络语言已经走入社会主流话语体系，但不是一个全社会的常规使用，更有大量的网络语言是在小众之中传播。在网络语言这个概念中，各个网民又形成了区别于其他网络群体的语言表述，比如微信用语、视频弹幕用语、邮件用语和各个行业领域形成的不同网络语言，甚至于在视频弹幕中，B 站、腾讯、优酷、爱奇艺等用户在网络语言上也是有着一些差异的。

如果说上述的特征侧重语言本身的词汇要素,那么语言形式预警性、信息关联专用性、违背质准则等则构成了网络语言的风格和形式上的特色,比如"舔屏"一词,是说使用者通过舔屏的方式来表达对内容元素的喜好等。

（二）群体认同是网络语言产生的社会心理因素

无论是网络语言的哪一种特征,其背后都是对传播过程中的自我认知和群体认同的追求和实践。网络语言最初的产生是网络使用者也就是网民在使用互联网的过程中产生的语言表达形式,这是网络语言的初步群体,并不具有鲜明的群体心理认同特征。但是当网络持续发展后,网络语言的使用就已经超出单纯的交流功能,强调语言交流共有的心理需求——实现自我认知、群体认同甚至是社会认同等价值。语言的使用者往往通过使用一种方式的语言来寻找和确认其群体,无论这种群体是基于文化上的、种族或者民族上的、宗教信仰上的还是政治上的。语言经济学认为,使用相同或相似类型语言的人们的价值观也相近,人们的趋同心理和对群体的认同心理增强了网络语言的凝聚力。互联网的传播特性无论在时间上还是使用层次上,在相当一段时间甚至是当下,都是无法和文字、印刷和电子传播等同的,从使用者的角度来说,互联网用户和使用群体具有鲜明的社会底层化特征。正是基于底层群体的群体认同或是对于所谓"精英群体"的反动和反叛,网络语言中出现了大量的对于"高大上"词汇和用法的消解与嘲弄,涌现了大量无法立足于传统媒体传播形态的社会底层俚语甚至是污言秽语。无论是从词汇、句法、性质和内涵、文化等方面,还是从对图画、图像乃至形式上的巧妙使用,网络语言都形成了自己独特的表达与表述,极大地挑战和丰富了传统语言的表述。

（三）群体传播与网络语言的互动

在网络群体传播视角下来反观网络语言特征,会有一种新的视角和发现。第一，网络语言的广泛使用使社会的组织传播方式从权威的、一刀切的、高度组织化的大众传播方式转化成了与其截然不同的群体传播模式，群体传播中的群体在互联网技术平台上通过大数据、智能化的帮助寻找到了和自己相关的群体，这种群体认同的标签可能源于经济基础、政治态度、兴趣爱好、立场观点、宗教信仰等，形成的是自发性、平等性、交互性的传播组织形式，为了加强群体的认同和归属，对网络语言进行使用和建构，不同于"精英群体"的网络群体是最容易获得"身份证"和"投名状"的。第二，网络群体传播的非中心化特征和网络语言的语言形式的外来性相契合。没有核心和中心的群体传播，势必会在网络语言的形成过程中缺少主导，导致传统规范汉语表达在网络时代的消解，网络语言则从词汇来源和形式上，显示出了"乌合之众"的语言形式和样态。网络群体的个人化和自发性特征，是网络语义内容情色化、语义内容专指性、语言形式外来性的原因。群体传播的非组织化和互动性，则是语义内容小众性、语言信息关联性的逻辑。第三，群体传播的情绪化是网络语言多义性的心理基础，尤其是色情词汇的使用尤甚。一些传统上的贬义词汇在群体传播时代大行其道，其意义已经完全超越了原有内涵，比如"屌丝"一词，不仅超越了性别、年龄，而且其情感也发生了变化，变成了对于"精英群体"对立认同的群体确认。

　　网络语言的发展和变化不仅是一种在网络平台的语言表达，其背后还是一种基于群体传播的传播组织形态，是一种群体传播模式发展下的语言形态的诉求。

第三节　群体传播视角下的网络段子及其传播机制

　　段子文化是一种具有民间特色的幽默类型，普遍应用于人们的日常交往中。在当今的新媒体环境当中，段子文化蔚然成风。关于段子，有研究者认为"广义的段子,指的是个人或集体创作的、雅俗共赏的、简短自足的或长篇中可独立出来的短篇文学艺术作品。狭义的段子,指的是人们日常生活中常说的'笑料',尤其指近年来广泛流行的幽默类的故事、笑话、脱口秀、顺口溜等通俗简短、口耳相传、幽默搞笑,是其基本特征"①。本书对于段子的界定采用论述中所说的狭义概念。

作为一种特殊的幽默,段子更多的是一种高度娱乐性的产品,具有表达不满、愤怒等负面情感的宣泄特征。近些年,学术界对段子研究颇多,如利用巴赫金的"狂欢化诗学"理论认为段子"借助于民间口头的宣泄性叙述,在嬉笑怒骂间表达个人和群体的解构性意识……充当出气阀门的同时,对社会主流舆论构成腐蚀"②,具有消解权威、颠覆主流的功能;有研究者从舆论角度认为段子是公众宣泄不满的"减压阀",又可能成为一种确立和强化政府与公众之间隔膜的重要机制,其能强化公众"批评又不相信可以改变"的"小民"意识③。此外,有研究关注到段子具有隔离"官"与"民"的意识形态功能。④

然而当下,段子与社交媒介的相遇,使我们在网络世界的交往方式和段子的表达都呈现出新的特点:一方面,社交媒体上的交往呈现出更多的"段子化"趋势,无论是个体交往还是对社会公共事务的表达,诙谐、戏谑、调侃等形式的段子式交流日益普遍,有人人都是"段子手"的倾向。另一方面,互联网传播主体的组织类型群体化和网络表达符号的多元化,使网络段子的意义生成、创作动机、表达形式和传播机制等都呈现出了更为复杂的传播面相。从这个角度来看原有的段子研究,就存在着两个方面的不足。第一,缺乏对段子的社会交往传播学考

---

① 杜伟伟,等. 中国俗文化研究(第5辑)[M]. 成都:巴蜀书社,2008:254.
② 王焱. 灰段子的狂欢表征、意义及其限度——以巴赫金狂欢化诗学为视角[J]. 文艺争鸣,2013(6):115-118.
③ 赵会风. 当代段子研究[D]. 泉州:华侨大学,2011:77.
④ 周志强. 段子文化中的政治心理[J]. 人民论坛,2010(18):26-27.

察。"幽默是一种诙谐的交际对话"①,无论段子出于什么目的、具有何种功能,我们都不能忽略段子必须在传播中存在的基本逻辑,甚至段子本身就是一种传播行为。第二,缺乏对段子的网络传播主体群体化的研究视角,即互联网是一种群体传播,而非报纸、电视、广播等媒介形态的大众传播。互联网媒介所具有的特性和群体传播之间具有天然的联系,"一个'人人都能发声,传播无处不在'的群体传播时代已经到来"②。基于此,把网络段子置于网络传播主体组织的群体化视角当中,将其视为一种社会交往传播行为,可以更好地理解网络段子及其传播机制。

一、理论及其背景探析

(一) 网络段子及其心理机制理论

"段子"是从曲艺形式中借用而来,具有抖包袱、逗人发笑的美学特征。如今我们所说的段子,是幽默中的一种独特文体,衍化出了更为丰富的内涵与外延。故而凡是在民间传播的、具有诙谐美学风格的简短话语形式,都可称为段子。民间性、诙谐性以及简短性构成了段子的主要特质。在这个基础上,我们可以将网络段子视为人们在网络空间传播的,具有戏谑、调侃、恶搞等诙谐交流特征的简短文字、图片、视频、录音等文本形式。

网络段子是幽默中的一种特殊类型,其表现形式和表现特征更多地呈现出了贬损型幽默的特征,且具有一定的自嘲型幽默特点。幽默研究者 Martin 将幽默分为四类:加强群体内的凝聚力,以一种能容忍和可接受的方式到处与他人开玩笑并娱乐他人倾向的亲和型幽默(Affiliative

---

① MARTINEAU W H. Chapter5 - A model of the social functions of humor. In J. H. Coldstein (Ed.). The psychology of humor: Theoretical perspectives and empirical issues [M]. 1972: 101-125.
② 隋岩,曹飞. 论群体传播时代的莅临 [J]. 北京大学学报(哲学社会科学版),2012,49 (5): 139.

Humor);对生活保持幽默的视角并用幽默作为应对的策略倾向的自我提升型幽默(Self-enhancing Humor);使用自嘲、讨好以及对负面情绪的防卫性否认倾向的自嘲型幽默(Self-defeating Humor);以及为了批评或者操纵别人,或者不顾对方感受而表达幽默倾向的嘲讽型幽默(Aggressive Humor)。① 贬损型幽默是一种贬损、诋毁、取笑别人而凸显自己优越的幽默类型,具有较强的攻击性。

段子作为一种诙谐的交流方式,对于其为什么会使人发笑是幽默研究的核心问题,并形成了四个较有代表性的理论。第一,优越理论是社会视角下对贬损型幽默心理机制的阐释,认为幽默来自贬低他人所产生的优越感,是人们可以从掌握和控制中获取的快乐情感。优越理论与当代群际关系理论一脉相承,认为个体拥有维持和支配自身地位的需要,将贬损他人或者其他群体的幽默视为保持自身优势的动机,幽默成为一种向下比较的产物。第二,释放理论认为贬损型幽默是一种缓解压力和释放偏见的交流方式。弗洛伊德认为幽默来自敌意的宣泄,这种宣泄使得用于压抑敌意的心理能量释放,且满足了个体攻击的需要。② 第三,失谐—解决理论从认知视角来研究幽默的发生机制。失谐—解决理论将失谐(incongruity)定义为对事件的期望状态和实际状态之间的差异。当幽默与人们期望的结果、框架和逻辑不一致,而且又从另外一个角度能够解释得通时,便产生了幽默的效果。③ 通过探测失谐和解决失谐两个认知过程产生幽默,即发现信息中有违常规逻辑的探测失谐,并根据情境和经验对失谐进行合理化的解决。第四,良性进犯理论也是从认知视角来探讨幽默,认为当一个刺激被评价为包含进犯(violation),同时该进犯又被评价为良性(benign)时,幽默就产生了。④ 该理论认为幽

---

① 陈国海,Rad A. Martin. 大学生幽默风格与精神健康关系的初步研究[J]. 心理科学,2007(1):219.
② FREUD S. Jokes and their Relation to the Unconscious [M]. New York:Norton,1905.
③ 张莹瑞,等. 幽默的心理学研究[J]. 中国临床心理学杂志,2008(4):410.
④ 李龙骄,等. 贬损型幽默:笑声能化解敌意吗?[J]. 心理科学进展,2022,30(3):672.

默具有让人感受到威胁、错误、消极刺激的"进犯"性，但这些进犯并不会带来实质性伤害，属于"良性"的。良性进犯理论考虑到了幽默产生的交流和传播因素，以及幽默接收者的态度，具有较强的信息传播意识，凸显了幽默和传播之间的关系。同时，该理论也关注到了幽默中的消极特点，即"进犯"，这对于幽默的传播研究富有启发意义。

（二）"传播的仪式观"理论

在传播学视角下来考察网络段子，这种让人发笑的交流形式所具备的似是而非、言在此而意在彼的多元传播面相和传播特征，超越了传统以信息论为基础的经典传播学理论模型的解释框架。詹姆斯·凯瑞等认为传统基于传授（imparting）、发送（sending）、传送（transmitting）或者"把信息传给他人"（giving information to others）等为关键词的"传播的传递观"理论模式过于功利化和简单化，他并不认可这种将"信息"视为传输内容的，且源自地理和运输（transportation）方面隐喻的传播"过程学派"。进而他从文化研究的视角提出了"传播的仪式观"，开辟了传播学研究的另外一种理论范式，也打开了我们理解网络段子等传播现象的全新理论视角。在他看来，传播并非指讯息在空中的扩散，而是指在时间上对一个社会的维系；不是分享信息的行为，而是共享信仰的表征，其更多的是与"分享"（sharing）、"参与"（participation）、"联合"（association），"团体"（fellowship）以及"拥有共同信仰"（the possession of a common faith）等这一类词汇有关。[1] 同样，费斯克（John Fiske）等也认为原有的"过程学派"过于机械，应该更加关注传播过程中信息之外的"其他内容"及其"意义交换"，他将此类注重"意义交换"的研究范式称为"符号学派"，并认为它与"过程学派"是构成传播学的"两个主要学派"[2]。无论是"符号学派"还是"传播

---

[1] 樊水科.从"传播的仪式观"到"仪式传播"：詹姆斯·凯瑞如何被误读[J].国际新闻界，2011，33（11）：33.
[2] 胡易容，等."'沉默'传播"：中国古代"讳文化"的普遍符用学阐释[J].国际新闻界，2021，43（9）：103.

的仪式观",其都认识到了围绕着"信息传递"而建构起来的传统传播学理论模型的重大缺陷,进而从不同角度考察传播过程中的"意义共享",并关注到了传播过程中信息之外的关系、群体、价值、文化等因素,传播过程中的非信息类要素以及传播场景也构成了信息交流中的意义。正如雅各布森所言:"讯息不提供也不可能提供交流活动的全部意义……意义存在于全部交流行为中。"①

网络段子是一种必须基于信息文本的交流方式,但是其独特的传播机制跨越了传播学研究的多层理论范式,它关注传播过程中信息文本的微观层面,更强调传授双方的"参与""团体""认知""价值""意义"等宏观层面,重视"符号所处的文化场域"等外部因素对于文本信息的介入与影响,对它的研究必须进入"传播的仪式观"和"符号意义论"等研究范畴。

(三) 互联网群体传播背景

"传播具有两个层面,即内容层面与关系层面,在传播的关系层面上,它传递的是传播过程中两个或更多的参与者的人际关系,因此,一个讯息的关系深度可以通过对讯息的内容进行分类或予以构造确定。"②互联网群体是一种克莱·舍基所说的"无组织的组织力量",而以戴维·里德命名的里德定律(Reed's Law)也认为,互联网的价值绝大部分来自它作为群体构建工具的作用。人们通过强烈个体化特性的网络媒介进行无限连接,在原有的群体关系或新认同、归属因素上进行聚集,形成大大小小的网络社会群体。互联网媒介塑造了一种新的关系,即群体化。

网络群体是一种"无组织时代的组织",是非强制、自发性形成的具有共同归属和共同目标的文化集合体。网络聚集不再迫于血缘、地缘、业缘的压力,而会根据自身兴趣、爱好等自发行为。群体是人们在

---

① 特伦斯·霍克斯. 结构主义和符号学 [M]. 瞿铁鹏, 译. 上海: 上海译文出版社, 1997: 83.
② 谭天. 媒介平台论 [M]. 北京: 中国人民大学出版社: 新闻传播学文库, 2016: 100.

互联网上聚集的主要形态，作为维系群体内部及外部沟通的群体传播也在互联网时代崛起，其传播逻辑也与基于广播、电视等媒介所形成的大众传播所不同。群体传播主要是指群体成员内部或外部群体之间的信息传播活动，通过成员之间的信息交流和传播活动，从而连接和实现共同目标和协作意愿的过程。群体传播研究者隋岩认为，群体传播是群体进行的非制度化的、非中心化的、缺乏管理主体的传播行为。相较于大众传播，没有专业性、组织性很强的传播机构，具有自发、平等的特征；群体传播信息反馈和互动性强；传播主体因缺乏主体性和确切的管理主体，没有明确的中心信源，信息传播具有自发、匿名和平等等特征；群体内部成员容易被暗示和感染，并会进行群体行动。在大数据、智能算法等网络技术的加持下，更加方便了网络群体识别、群体建构、群体区隔和群体传播。

总体而言，基于对已有理论和背景的梳理回顾，本书将以凸显文化研究和阐释的"传播的仪式观""符号意义派"等传播成果为理论基础，以网络群体传播为视角，利用符号表意的意图、文本和解释三个层面的维度来分析网络段子的传播机制及其功能。符号表意的意图意义是发送者的目的和初衷，文本意义是符号的编码呈现，而解释意义是接收者的理解和反应，符号表意过程中三者不但不必然重合，反而常常处于博弈甚至对抗之中。①

二、网络段子的传播机制：反传播的传播

（一）网络段子的独特传播机制

在人类绝大多数的信息传播活动中，人们有一种促成交流的心愿和前提假设，很少有人抱着一种不想交流或者让交流失败的心态进行传播活动。而这也是传播学研究的前提和基本假设，即人类总是想促进交流

---

① 胡易容，等."'沉默'传播"：中国古代"讳文化"的普遍符用学阐释[J]. 国际新闻界，2021，43（9）：109.

且想获得良好的交流效果。即使彼得斯察觉到了"交流的无奈",但那也只是理想化传播无法实现后的悲叹。

但网络段子似乎有所不同,从整体上来看,任何常规意义上的传播都需要一个基本的逻辑,而交流过程中网络段子的使用,是对这种正常交流逻辑和交流氛围的颠覆,具有终结、搁置和拒绝原有交流的意图。一方面,从网络段子本体来看,其本身具有拒绝交流、阻碍传播的倾向,是对正常交流逻辑的悖论式传播。正如康德所言,幽默来自"从期待到期待落空的突然转换",诙谐的交流方式。其诙谐正是通过使用隐喻、谐音、借代、比拟、夸张等方法对常规传播逻辑进行颠覆的产物,是对原有交流框架的巧妙转换,这种特殊的传播机制,使幽默本身就成了一种阻碍传播的意图符号。就如同在一场比较正式、严肃的交谈中,有人讲了一个段子,会使得人们发笑,但是也会终止原有的交谈,改变原来的传播氛围和传播进程,从传播机制上来看其成了一种阻碍传播的传播。与此同时,幽默的社会理论强调社会交往过程中网络段子的娱乐功能,并认为游戏是段子的心理基础,"是人们在社会交往情境中与常规意义进行游戏的交往方式,在这种情境中,通过笑而被认为是幽默或有趣的"[①]。从这个意义上来说,网络段子的游戏式交往的本质,其本身就是对于严肃、认真、深刻等传播方式的反叛,在常规意义的传播行为视角下,网络段子具有了"反传播""拒绝交流"的意图。

另一方面,从网络段子的主体意图来说,使用段子可以促进交流,也可以搁置和拒绝交流。幽默发生的心理机制理论指出,人们在交流过程中使用段子就有获取优越感、释放偏见的深层心理需求,以及良性进犯他人的传播行为动机,段子式的交流在主体层面已经不具备平等、尊重、互动的理想传播逻辑。从这个意义上说,在正常的交流中使用段子,有可能是使用者在改变交流的逻辑、氛围和进程,是对交流的拒绝或者搁置意图的体现,是反原有传播的传播。

---

① 陈世民. 幽默的社会理论及其应用研究 [J]. 心理科学, 2012, 35 (3): 687.

（二）网络段子的文本传播分析

文本是段子产生的基础，也是段子的承载形式，但是段子所具有的意义和功能却又远远超越文本内容信息，因为段子文本本质上是缺乏逻辑和混淆概念的失谐信息，仅从文本来看其是没有任何意义的，也是无法被解释的。然而最为吊诡的是，这种缺乏逻辑的失谐文本信息，一旦进入社会文化场域的交流活动中，便具有了鲜明的意义和指向，以至于在场的人基本都能清晰地感觉到这种意义。在这个意义上，网络段子作为一种诙谐的交流方式，其本意并不一定指向信息层面的传播，而是通过一种戏谑、调侃、恶搞式的文本实现其他社会意义表达的交流方式，这种社会意义更多具有一种对原有传播体系和传播话语的反抗。基于此，对于网络段子的特殊传播机制，需要从其文本的信息传播和意义传播两个层面来进行分析。

一方面，从文本的语言信息传播层面来看，我们可以将段子视为一种在设定传授双方共同心理预设的基础上，充分利用语言的叙事策略和逻辑机制，来产生新的认知框架的传播行为，也就是"预设之中，框架之外"的文本信息语言策略。20世纪50年代，英国语言学家斯特劳森将预设看作一种推理关系，认为预设就是在特定语言结构的基础上，根据语言的环境和内涵推断出话语的具体意思。[①] 在预设理论和语用学角度看来，段子主要是进行了特定的预设，或者借用和更换这种预设，并推动预设过渡，以期造成强烈的反差和对比从而形成一种失谐的幽默效果。在建构了段子幽默发生的共同预设基础上，段子文本会采用谐音、置换、借代等语言形式的变化，将文本中的原有认知框架进行替换，引入新的框架，所以有研究者认为段子的幽默是"完全不同的事物的结合""将属于一个情境的事物并入另一情境"[②]。

语言学将幽默文本分为六个层级，从具体的到抽象的层级分别是语

---

① 徐兴岭. 从语用预设理论视角看笑话效果的产生 [J]. 海外英语, 2018 (11): 208.
② CURCO C. Some oberservations on the pragmatics of humorous interpretations: A relevance-the oreticapproach [J]. UCL Working Papers in Linguistics, 1995 (7).

言、叙事策略、对象、情境、逻辑机制和框架对立。① 也就是说，段子文本的发生是根据传播的对象和情境，通过对语言、叙事策略等方面的逻辑机制上的颠覆和反差，使文本形成了与原来的框架所不同的新传播框架，而这也是段子文本发生和传播的语言机制。如在笑话"我说我比较喜欢李白的诗，陆游气坏了，结果我家就没办法上网了"当中，读诗构成了笑话的预设，使人们进入了古代诗词的认知框架预设当中，再通过"陆游"与"路由"的语言谐音策略，将这个预设的诗词框架进行过渡，最后通过"没法上网"完成原有诗词框架到网络框架的转换，便产生了幽默。之后，科斯特勒的知识矩阵也证实了上述研究，认为当表面上不相容的知识矩阵被成功整合的时候，其结果通常是幽默的；库尔森使用事件相关电位和阅读时间的实验证明了人们在领会幽默话语时进行了框架转移的现象。②

另一方面，从网络段子的社会意义表达来看，段子的本质并不是文本语言层面上的信息传递，而是对于关系、情感、认同等方面的意义传播，是一种自我的社会认同，以及维系社会关系和社会生活的仪式性传播。这正如凯瑞将传播视为文化和维系社会存在的纽带一样，在普通的社会交往中，段子则是这种传播的诙谐式和隐喻化的手段。

在前文的分析中，我们可以将段子看作一种新框架的传播，但是框架本身只是认识和交流的一个视角和逻辑，并不是段子最终的目的。段子所要传播的不是笑话，也不是一个框架，而是基于这种诙谐表达传播其意义，只不过这种意义的获取需要将段子置于社会文化的传播场域当中，而这也需要在更宏观的社会文化层面来理解幽默文本的意义传播。通过总结和梳理，本书认为段子文本最终所要实现的是一种包含关系维护、社会交换、关系认同、情绪营造、压力释放等方面的社会交往的意义。从幽默传播的关系过程视角来看，段子文本在社会交往层面是一种

---

① 蔡辉，等. 西方幽默理论研究综述［J］. 外语研究，2005（1）：7.
② 蔡辉，等. 西方幽默理论研究综述［J］. 外语研究，2005（1）：7.

关系维护的意义传播，人们希望通过段子来传播维护良好关系的意义，并将段子等幽默对于人际关系的影响分为情感增强（affect-reinforcement）、相似吸引（similarity-attraction）、自我揭露（self-disclosure）和降低等级差异的显著性（decreasing hierarchical salience）四个方面[①]；从幽默传播的社会交换理论视角来看，段子文本在社会交往层面具有交换社会情感资源的意义，段子既是社会情感性资源交换的重要传播手段，其本身也构成了一种重要的社会情感资源；从幽默传播的关系认同视角来看，段子文本在社会交往中是一种关系认同的意义传播。任何社会个体都有群体和社会认同需要，个体以从属于某个群体的方式来定义和认识自己，同时个体也倾向于通过将自己置于某个人的关系和关联中来定义自己。关系认同就是将关系视为自我定义的一种形式，相关联的人也被视为自身的扩展。段子的发生是需要使用者和接收者基于某一种关联和认知的关系基础上，这就使段子具备了确认内部群体关系的意义。在人际交往中使用段子，会被视为"我们是同类人""我们的关系很亲近"等意义；从幽默传播的情绪角度来看，段子具有营造积极情绪、释放压力和偏见的作用，其文本在社会交流中是一种情绪、偏见和压力的意义传播。弗洛伊德将幽默视为一种心理防御机制，幽默成为拒绝接受现实，进而保护自我免受压力的交流手段。在社会交往中的段子文本也就具有了营造积极情绪、释放压力的意义。同样，基于幽默的优越论视角，段子本身也构成一种偏见，是对他人及其群体的贬损，段子文本也具有了释放偏见的意义。

三、作为群体传播方式的网络段子：密码、标签与狂欢

段子所具有的独特传播机制，使其具备了互联网媒介群体建构的天然功能，也使网络段子呈现出了更为多样的传播形式和多元的传播特征。

---

① COOPER C D. Elucidating the bonds of workplace humor: A relational process model [J]. Human Relations, 2008, 61 (8): 1087-1115.

(一) 网络段子的"加密"传播及其传播密码

1. 网络段子的加密传播

网络段子与常见的普通信息文本的生成和使用不同,在遵循基本的信息编码和解码规则基础上,网络段子还蕴含着对文本之外深层意义的"加密"传播,而其接收者要想准确获取其"加密"的信息,也需要具有相应的传播密码。网络段子是一种必须基于信息文本的交流方式,但是其独特的传播机制跨越了信息传播的多个层次,对它的理解要基于传播过程中信息文本的微观层面,更要关注传授双方的"参与""团体""认知""价值""意义"等宏观层面,重视"符号所处的文化场域"等外部因素对于段子文本信息的介入与影响。也就是说,对于网络段子的传播考察,必须考虑其传播中的文本信息和文本意义、发出者与接收者,以及所处的文化场域。甚至对于网络段子来说,"无论是否发生了'信息'流动,其均可能涌现出丰富的意义,这里的意义就包含了受传双方的'意图'和'期待'及其造成的'意义交流事实'"[1]。

在这个意义上,当我们将网络段子作为一个"传播行为"来研究时,其在传授双方的"合谋"下呈现出了"加密"传播的特征:第一,从机制上来说,网络段子的交流虽然是基于一种"笑话"式的文本信息,但单纯的文本信息是无法实现幽默的传播和效果的,其要依靠文本信息之外"其他内容"的共识程度,如文本信息之外的背景、文化、知识、情感等众多因素,以及段子发生的时间、地点、场合、场景等具体语境。第二,从目的来说,网络段子是一种言在此而意在彼、似是而非的诙谐式意义传播,虽然段子的发生必须基于巧妙、戏谑的信息文本,但其所传达的是一种社会交往的意义。第三,从结果来说,网络段子虽然具有营造氛围、促进传播以及抵抗、消解权威的特征,但是我们也常常忽略了其在具体群体维系和群体区隔上的作用,即群体内外有别

---

[1] 胡易容,等."'沉默'传播":中国古代"讳文化"的普遍符用学阐释[J]. 国际新闻界,2021,43(9):103.

的传播策略和传播目的。

2. 群体认知与群体情感：网络段子的传播密码

基于此，网络段子的"加密"编码和解码由低到高就包含了文本层次、语境层次、群体层次，即理解一个网络段子，需要基于文本，结合语境和群体文化来理解其意图，要具备凯瑞传播仪式观里的"分享""参与""联合""团体""共同的信仰"等的传播视角。如此，在这个"加密"传播的编码和解码过程中，对于群体的把握是最为关键的。首先，网络段子虽然是由个体创作的具有鲜明的个人编码特点的文本，但是网络段子本质上是一种信息传播行为，其必须基于传播而存在，所以网络段子必然走出"自说自话""自娱自乐"的个人属性，是一种基于群体文化而进行群体关系确认的社会交往行为。其次，网络段子的生产和使用必须基于一定的社会文化语境，而个体所属的社会群体的认知和文化，天然就构成了网络段子生产和使用的"社会文化"语境。超出了这种群体语境，网络段子就失去了传播效果和传播意义。最后，网络段子所具有的贬损他人的特征，其本身对于他人的贬损常常不会指向个体，而是他人所属的他者群体，如网络上常说的地域黑等。这使网络段子具有了凝聚群体内部认知和情感的功能，也具备了贬损群体外部的群际传播特点。简单来说，网络段子是一种群体传播的表达方式，而群体是理解网络段子的重要视角。

段子的传播需要传授双方具备对文本语言、叙事策略、话语逻辑和框架转换的认知能力，也要具备共同的社会文化场域，对于段子要有相应认知上和文化上的共识。这种共识分为两个类型，一个是对段子的诙谐交流方式的认知，即认可段子式的交流方式；另一个是相应的接收和解释能力，即根据情境准确解释段子的发生逻辑及其所传达的意义。那么群体认知与群体情感则是理解网络段子传播的密码，认知和情感是网络段子的传播动机、传播动力和传播效果评价的主要维度。从发出者来看，其基于自身所在群体的认知和情感来生成和使用段子进行交流，以凸显自身的群体观点和群体情感，这会增强群体内部认知和情感上的共识；从接收者来看，其基于自身所在群体的认知和情感来解读和评判段子，如果与自己群体认知与情感相一致，则会感到幽默且进行正面评价，如果不一致则会被视为攻击和侮辱。

(二) 作为群体标签的网络段子

段子作为一种具有鲜明民间性质的传播方式，其本身就具有显著的群体特点。而当段子与互联网结合，其表现手段和种类越来越多样化，编码和解码中所蕴含的意义及其暗藏的密码也越来越多元化时，网络段子的群体"标签"功能越发明显。在群体内部，是群体识别、群体建构的"标签"，推动群体内部的凝聚力；在群体外部，则是排斥、限制他者群体的差异性"标签"，强化群体区隔。

基于认知和情感的相似性，网络段子具有识别群体和建构群体的功能，是个体对于自我社会关系认同的社会交往行为。互联网媒体是基于个人及其社会关系需要而发展起来的，个体的情感、情绪以及兴趣是社交媒体的重要特征，有相同爱好和认知的人对相关信息进行分享、点赞和评论的行为构成了互联网媒介的传播动力，也在此过程中形成了基于认知和情感上的不同网络群体。网络段子作为一种具有较强认知和情感表达的交流方式，其必然也会成为网络群体识别的"标签"，通过它来判断发出者和评论者是否与自身认知、情感相一致，并以跟帖、互评、转发、点赞等方式来进行群体识别、群体聚集和群体建构。在网络段子的传播中，接收者要了解段子中"梗"的笑点，则必须熟悉网络文化、社会热点、群体文化等背景的来龙去脉，"梗""笑点"等就成为群体识别的初步"标签"，是群体的接头暗号，如"yyds""火钳刘明"等诙谐表述，只有具有共同文化背景的青少年群体才能理解其中意思，而这对于中老年群体则是难以理解的。在掌握了网络段子的接头暗号之后，则是要在认知和情感上更进一步地进行群体识别和群体建构，这是一种更高的群体认同，除了群体识别，还要进行群体协作和群体行动，如对群体外部进行限制和排斥等，诸如"帝吧出征""饭圈"等网络群体就是这一层次的代表。

基于认知和情感的差异性，网络段子是一种贬损、限制和排斥他者群体进而凸显自我群体的传播手段，是个体情感宣泄和群体区隔的传播行为。人们被纳入特定的群体当中，其原有认知、情感和行为都会被群体所影响，美国社会学家兰德尔·柯林斯在其互动仪式链理论中认为，群体的互动仪式有四个初始条件，一是两个或两个以上的人聚集在同一场所都会因为其身体在场而相互影响；二是对局外人设定了限制，因此参与者知道谁在场，而谁被排斥在外；三是人们将其注意力放在共同的对象或活动上，并传达和获取了该焦点；四是人们分享共同的情绪或体验。① 在网络上，人们通过段子的传播，群体内部实现了情感和认知的确认和分享，而在群体外其又成了贬损他者群体的群体区隔工具，如不同"饭圈"群体之间的相互排斥和打压。反过来，这种认知和情感上的群体差异性又构成一种文化资本，进而会更加加深群体区隔。文化资本的概念是由法国著名思想家皮埃尔·布尔迪厄提出的，他认为资本是一种社会关系，而资本又分为经济的、文化的和社会的三种基本类型。

在上述的分析视角下，我们就不难理解段子所具有的民间性，以及其对于官方性表达的防抗与消解。而在网络时代，一方面，段子承袭了其民间与官方的群体区隔基因，继续呈现出显著的民间群体特点；另一方面，因为网络使用者年龄、兴趣、观点等多重维度的介入，使网络段子成了青少年群体、亚文化群体等许多小众群体的表达工具。今天，个体在网络空间上，并不会单纯纳入一个群体，而是根据自身的不同爱好、不同观点、不同话题、不同情感而进行不同的群体建构，使群体更为复杂和多变。如同样是战争，对于美伊战争和俄乌战争会形成不同的意见与情感群体，甚至这种情感可能是历史的延续，其借机进行群体情感表达。如此，使网络段子的表达和理解增加了更多的群体维度，不同群体之间的区隔愈加明显且难以弥合，网络段子的意义表达也更为晦涩和难以解读。

---

① 兰德尔·柯林斯. 互动仪式链［M］. 林聚任，等译. 北京：商务印书馆，2012：79-81.

(三) 网络段子的群体狂欢

在众多关于网络段子的研究中，很多学者都借用了巴赫金的狂欢理论，认为网络段子是一种狂欢化的独特话语形式。巴赫金认为，"在狂欢节上大家一律平等。在狂欢节广场上，支配一切的是人们之间不拘形迹地自由接触的特殊形式。在日常的、亦即非狂欢的生活中，这些人被不可逾越的等级、财产、职位、家庭和年龄的壁垒所分割……在这里异化暂时消失。人回归到了自身，人在人群之中感觉到自己是人。这种真正的人性关系，不只是想象或抽象思考的对象，而是现实实现的……乌托邦的理想同现实通过这种绝无仅有的狂欢节世界感受，暂时融为一体"。在巴赫金的描述中，我们窥见了网络段子所具有的民间群体表达和对抗精英的、主流的、官方的群体话语意图。如果说后者的话语本身构成了一种权力，那么网络段子式的狂欢则是对这种权力进行对抗的民间群体传播。如涉及性的黄段子，是对社会禁忌文化的侵犯；涉及政治和社会问题的灰段子，则是对社会不合理现象的嘲讽。福柯认为权力给人的快感是双向的，"从行使质疑、监听、监督、侦察、搜查、检查、揭露的权力产生的快感；另一方面，由于规避、逃避、愚弄或嘲弄这种权力而激发快感。权力允许让它所追求的快感侵犯它；反之，权力在炫耀、诽谤、抵抗的快感中证实自身"。① 在网络段子的传播中，人们以粗鄙、低俗的方式嘲弄这些具有"权力"性质的话语，会形成一种以底层的、民间的群体立场嘲弄主流群体或者官方群体的抵抗快感。

然而网络段子式的抵抗，是一种"以毒攻毒"的抗争，会使群体抗争和群体表达在消解了权威之后自身陷入更深的泥淖之中。伊格尔顿认为"在这种粗俗的笑声中（这种笑声是个矛盾体，既具有破坏性，又具有解放性）出现了既消极又积极的现象的雏形——乌托邦。狂欢不仅仅是解构，狂欢使现存的权力结构显得异化和独断，它释放了一种潜能，使一个黄金时代、一个'人人回归自我'的、充满'狂欢真实'

---

① 罗钢等. 文化研究读本 [M]. 北京：中国社会科学出版社，2000：234.

的友善世界的出现成为可能……狂欢的笑语既是对粗俗的嘲讽，又是对世俗的认同；它是空洞的符号流，在解构意味中，却以同志情谊般的冲动流淌着"①。这使基于网络段子的群体传播有两个问题，一是这种群体表达陷入到了空洞的意义当中，具有鲜明的犬儒主义特点，不利于形成一种建设性的意识。二是这种群体性狂欢的背后，更多的是个体的认知和情感表达，以及个体借着群体的无意识狂欢。

四、网络段子传播的总结与反思

对网络段子的传播学分析，为我们提供了一扇窗口，让我们得以窥见詹姆斯·凯瑞传播的"传递观"和"仪式观"之间的关联与差异，也可以看到人类社会交往中的"传"与"不传"的微妙动机，以及独特的"反传播的传播"机制。如此，网络段子便具有了复杂且多样的传播诉求、传播视角和传播面相，以及传播交往中更为宏大的社会文化场域的背景阐释，囊括了多种传播形态和传播特征。对于网络段子的传播理解，必须具备凯瑞、费斯克等所提倡的文化传统，也要具备彼得斯"交流的无奈"的悲观视角。因为幽默本身具有复杂多样的意图、文本和解释意义，我们不能单纯地通过信息传递去理解它，也不能期望幽默在面对不同文化、不同认知、不同情感的群体时都会产生良好的传播效果。

在社交媒体时代，段子呈现出了更为多样的表达形式，也呈现出了更为复杂的传播图景。在互联网上，段子从单纯的文字语言扩展到图像、符号等多种形式，使其表达更为多元，对其理解难度也随之增加，这需要接收者熟悉社交网络文化和传播情境。与此同时，社交媒体中的段子使用群体大多为青少年，这使其呈现出了亚文化圈层等小众群体的交流特征，这更增加了幽默意图、文本、解释的维度。作为一种群体传播的表达手段，网络段子对于群体的识别、建构、区隔本身也是值得反

---

① 特里·伊格尔顿.沃尔特·本雅明或走向革命批评［M］.郭国良，等译.南京：译林出版社，2005：192-193.

思的。网络段子的表达，抹平了"上半身"与"下半身"的界限，使得其群体识别、群体传播缺乏基本的价值引导和价值建构，其所采用的低俗、粗鄙的抵抗方式不仅消解了作为他者群体的话语，更是留下了无意义的空洞符号，具有"为了抗拒而抗拒""敌人的敌人是朋友"等简单化的群体识别和群体表达倾向。

段子所具有的独特"反传播的传播"特点，为人类的信息交流和传播学研究提供了一种新的视角，它不同于传播过程研究和文化阐释的传播仪式观研究，是一种虽然在交流但又对交流不抱希望的传播行为，它面向他人却又更多地指向自我，面向群体却又呈现个体。或许，对于网络段子的研究不仅需要文化阐释的"传播的仪式观"，也需要彼得斯的"交流的无奈"，抑或这两者之外的新视角。

第四节　案例：网络短视频中的情感传播逻辑、认同与路径

一、情感转向：网络短视频传播的全新语境

理性是西方哲学的主体基调，在其影响下社会理论呈现出了重理性、轻肉体和情感的思想倾向。古希腊、古罗马时期苏格拉底在面对火刑时认为身体的毁灭是灵魂复生的前提，都是通过对身体、情感欲望的压制来提升心智与精神培养的典型案例。虽然启蒙运动后对身体、情感的欲望有所正视，但人们仍然缺乏身体、情感对心智的塑造之理解，如法国哲学家笛卡儿提出"我思故我在"，其仍然是一种视理性高于一切的思维，将理性思维置于身体与情感之上。英国经验主义哲学家洛克、法国哲学家卢梭等开始提出关注身体和情感，直至梅洛·庞蒂等提出具身理论后，"肉身化的主体"才替代了传统哲学的"意识主体"。于是才发生了将身体、情感等置于社会研究的核心地位的"情感转向"。

互联网时代呈现出了以"情感化"为诉求的传播特征，观点、情

绪、立场等情感化诉求已经成为网络传播时代的重要传播手段和诉求点。"情感化"传播是相对于传统大众传播来说的。追求客观、中立和事实真相，是传统的传媒机构衡量专业程度的标准。互联网带给信息传播业的不仅仅是传播工具和渠道的变化，更是对以客观、中立、事实为追求的新闻专业精神的冲击。在传播技术变革、信息过剩、眼球经济等多重原因的影响下，传统的新闻专业主义精神对事实的关注度不断下降，更加关心对于事件的情感理解，即追求情感、观点和立场的接近性和一致性。

短视频是互联网媒介技术的产物，是基于互联网媒介技术形成的时长较短的影像。据中国互联网络信息中心（CNNIC）发布的第49次《中国互联网络发展状况统计报告》，截至2021年12月，我国短视频用户规模达9.34亿人，使用率90.5%。[①] 互联网不仅为短视频的生产提供了便捷的合成技术，也为其传播提供了传播渠道，其生产和传播都根植于互联网传播特性。互联网既是各类信息的集散地，也是情感的发泄场，情感成为理解和把握互联网的关键线索。互联网媒介与传统的广播、电视等媒介相比，呈现出了鲜明的情感化传播特点，使情感（affective）成为互联网传播的内核性因素。这不仅是研究网络短视频不容忽视的分析视角，也是网络短视频生产和传播所面临的全新语境。

二、情感实践：网络短视频传播中的动力和认同

原有的情感研究，整体上将情感置于"理性—非理性""个体—社会"等二元对立框架当中，无法客观看待舆论中情感及其深层逻辑。一方面，部分研究将情感置于非理性层面，将情感与网络暴力、网络暴民等并置，忽略了情感在人类生活和人际交往中的作用。另一方面，一些研究将情感分析置于个体层面，将"将情感定位于个体生理或心理的层面，并没有告诉我们多少关于情感及其表达是如何被社会互动塑造

---

① 中国互联网络信息中心. 第49次中国互联网络发展状况统计报告. (2022-2-25).

的信息"①，忽略了情感所具有的社会性。

短视频传播的互联网情感转向语境，以及其自诞生就具有的底层和草根基因，使短视频呈现出了迥异于传统视频的生产、传播逻辑。情感不仅是短视频视听语言的重要特色，也是短视频生产者和接收者的核心动力，在这种短视频的情感表达和情感动力背后，其本质上是一种情感实践。基于此，我们以情感实践理论视角，将情感视为一种社会交往行为，通过对网络短视频生产、传播和接收的情感实践进行分析，来探讨网络短视频传播中的情感表达、情感动力和群体认同。在这个视角下，网络短视频中的情感实践则主要表现为传播的情感动力和群体认同。

（一）网络短视频生产、传播和接收的情感动力

在实践论的视域下，当实践作为一种本体时，无论其结果是否符合成员的期待，都会产生某种情感状态。在媒介的实践与互动当中，其本身就包含着情感元素和情感需求，也承担着某种情感调节功能。网络短视频的生产、传播和接收，乃至转发、点赞和互动等媒介实践活动，都蕴含着用户的情感维度，具有鲜明的情感化特征。用户的情感需求、视听语言的情感表达，以及基于情感偏向的传播过程的关系节点，都使情感成为网络短视频传播的动力。大数据、移动化等互联网技术的加持，加速了网络短视频的情感化传播趋势。

在工业革命和资本主义经济产生之前的漫长岁月里，在报纸、广播、电视等大众传媒诞生之前，无论是口传心授的人际传播，还是基于地缘、血缘等关系的群体传播，情感化因素都占据着重要的地位，人们借着情感维系着和谐稳定的群体关系，个体通过这种群体的交流和互动获得安全感与归属感。只是在工业革命之后，先进的印刷技术及广播、电视等具有强烈"空间偏向"的媒体产生了，它们伴随着资本主义的发端与成长，在资本逐利的影响下，成为以市场和经济为导向的资本主

---

① 袁光锋. 迈向"实践"的理论路径：理解公共舆论中的情感表达［J］. 国际新闻界，2021，43（6）：58.

义舆论工具,为了形成统一市场方便资本的流动,在宣扬自由、理性、平等及私有制的前提下,大众传媒也摒弃和隐蔽了"情感化"的表述与诉求,逐渐形成了自由、客观、中立的媒体价值和从业操守,讲究事实而非情感,事实与情感分离,形成了新闻专业主义,并以此为新闻传播行业的荣誉。但是纵观人类漫长的信息传播历史,在人类信息传播的历史长河中,"动之以情"一直是信息传播非常重要的手段,通过"移情"打通彼此感情,让信息传播得以有效展开。无论是人际传播还是大众传播,利用情感上的共通性来进行劝服和传播具有普遍效果。在人类信息传播活动中,对于情感的需求如同人们对于其他信息的需求一样,是促成人们信息交流的动力,也是人们信息交流的目的。情感在人类信息传播当中,既是起因和动力,也是方式和手段,更是目的和诉求。亦如传播一词(communication)本身的词源意义,即是要建立"共同性",以符号互动论为起点,使用"想象""移情"等关键概念,寻求建立人类交往的共同体。

互联网的网状传播形态和个人传播赋权,是网络短视频"情感化"传播的技术基础。报纸、广播、电视等大众传播媒介是"点对面"式的传播方式,是线性的大众传播组织形态,而互联网短视频传播则是点对点、点对面式的网状传播。电子乌托邦理论认为,电子传播网络的双向性使得人们既是信息的传播者也是接收者,这将改变在传统大众传播过程中受众被传播者支配的局面,人人都可以拥有社会话语的表达权利。当个人表达被激活时,网络短视频的生产和传播则具备了强烈的个人化特征,在语言表达、心理情感等方面,呈现出与传统大众媒体客观、理性、中立等传播相异的特征。网络短视频的发展和普及,不仅仅让使用者在信息接触、搜集和传播上极为便利,同时也极大地冲击了传统视频的生产、管控和传播形态,人们的个性化信息需求和传播偏好被激发,由专业化团队或精英把控的传统视频传播偏好被淡化,个体在信息传播中的情感化需求被极大释放。

基于大数据的算法推送、场景化、移动化特征助推网络短视频的

"情感化"传播。随着网络技术进入移动互联网时代，信息传播进入了场景化特征模式。在网络短视频传播中，对人们产生重要影响的不仅仅是信息的内容，更重要的是通过改变、营造社会生活中全方位立体化的场景，来塑造和影响人们的行为与感受；网络短视频的场景化和社交化特性，为用户个人情绪化表达提供了虚拟的网络空间和场景，这个场景将会强化遍布在世界各个角落个体的在场感，加深个人或者某个群体本身的感情与观点。① 短视频、直播等移动网络视频将人类的信息传播方式带入到一个个场景当中，增强了用户的代入感，体验感，强化了信息互动的"情感化"传播色彩。同时，智能化、数据化为短视频通过用户识别的差异化传播，强化信息传播最大化和信息资源最优配置。一方面，网络短视频借助云计算、大数据、人工智能等先进技术，可以深入有效地区分用户对于互联网的使用数据，以更加精准、有效地向用户推送实现信息传播的精确落地，精确适配需求；另一方面，短视频用户可以借助社交媒体中的"拉黑"、屏蔽和有选择性的展示等功能，将与自身兴趣与观点不同的人隔离，或向有共同爱好和偏向的人展示，实现了"物以类聚、人以群分"的社会现象。② 这种基于大数据的算法推送，使得用户信息接收维度变窄，陷入"信息茧房"之中，进而又加重了"情感化"传播的二次形成。

（二）网络短视频传播中的群体认同

网络短视频传播中的情感动力更多指向个体内在情感需求，然而情感实践"强调关系性和协商性，关注情感事件的流动，能较好结合自然状态、社会情境和社会关系共同分析情感现象"③。网络短视频生产、传播和接收中的情感动力，是用户通过情感因素进行的个体社会化行

---

① 马广军. 后真相时代网络社交媒体传播技术因素研究［J］. 新闻战线，2017（18）：117.
② 马广军. 后真相时代网络社交媒体传播技术因素研究［J］. 新闻战线，2017（18）：117.
③ WETHERELL M. Trends in the turn to affect: A social psychological critique. Body & Society, 2015, 21 (2): 139-166.

为，其本质是在互联网空间中进行社会群体表达和社会群体认同的情感实践。

互联网媒介因其独特的媒介属性，将信息带入了关系传播之中，形成了一种无组织的组织力量。互联网媒介让人们群体共享、群体协作、群体集合等行为得以便捷、高效地实现，催生了人类社会关系的群体化。这种群体化即是现实社会群体关系在互联网中的延伸，又有人们因网结缘的群体聚集，其本质是个体的社会认同需要。

认同是个体在通过对相应群体认同的接收或者摒弃，来实现对于自我的认知，在群体的鉴别与认知上来完成对于自我意义的寻求。人们建构认同的形式和来源有合法性认同、抗拒性认同和规划性认同三个类型。

网络短视频的草根、平民化特征，使得其用户群体认同呈现出一种对于原有视频及其背后社会结构及群体的排斥，形成抗拒性认同，如通过"鬼畜"等形式对精英主义视角视频的解构。"抗拒性认同通过网络媒体实现了穿越传统社会制度的横向连接，并动员起激烈冲击全球化秩序的各种大规模社会运动。抗拒性的集体认同成为必将引起人类社会发生空前深刻变革的强大的社会力量。"[①] 网络短视频更多呈现出了更加强调自我的规划性认同，强化"我们是谁"的群体认同。

在包括短视频在内的互联网传播中，对于个体的凸显以及情感化（包含情绪）表达是其重要特点。一方面，网络短视频抗拒性认同是具有较强情感因素的认同机制，情感是其核心因素。抗拒性认同是通过对他者的排斥所建构起来的，而情感是其主打的因素。曼纽尔·卡斯特指出，以种族为基础的民族主义、宗教激进主义、民族主义者的自我确认，都是翻转了压迫性话语词汇的引以为豪的自我贬低，表达的都是被排斥者对排斥者的排斥。另一方面，网络短视频对于个体个性的尊重，使个体可以摆脱原有社会群体限制，情感性因素成了主要的认同机制。

---

① 刘少杰. 网络化时代社会认同的深刻变迁 [J]. 中国人民大学学报, 2014, 28 (5): 63.

互联网的匿名性使个人可以暂时脱离原有社会群体对个体的束缚与压制，个体可以在互联网空间中凸显个体特性，并可以通过基于大数据的算法推送，和有着共同爱好、兴趣、态度的人结成新的群体。在网络中，大量的社会认同是通过转发、评论等方式进行的，方便且快捷地表达着自己的意见，或赞同或反对，或接受或排斥等，通过感性层面进行群体认同与群体区隔，"不能把网络社会表象仅仅理解为是个体表象及群体表象的汇集，网络社会表象是具有自身主体（社会主体）的感性意识，并因此具有与个体表象和集体表象不同的特点和功能"①。

三、情感表达网络短视频的叙事实践路径

媒介学研究普遍认为不同的媒介具有不同的偏向，媒介技术本身也存在着不同的情感偏向，"每一种媒介都为思考、表达思想和抒发情感的方式提供了新的定位，从而创造出独特的话语符号"②。朗格将人类符号分为推理性模式（discursive symbolism）和表征性模式（presentational symbolism），前者主要指语言等进行抽象叙事的符号，后者则主要指非语言符号，主要唤起人们的整体性、瞬间性的情感体验与情感表达。互联网媒介技术向用户提供的便是后者。有研究者认为，数字媒介实践是如今唤起人类情感的重要形态，数字媒介塑造了一个情感易激的媒介实践环境，流通的内容本身不仅仅是一种刺激情感产生的容器，其本身就是一种情感，旨在唤起情感，而非仅传递信息。③

互联网群体传播的情绪传播和情感认同的发生机制与形成路径，主要包含话语共意、身份共意和情绪共意三个部分，这也是网络短视频情感实践的传播基座和叙事路径。话语共意是"创造一种交流的公共话语，是网民在交流、沟通过程中，参与的各方共同赋予话语符号以意

---

① 刘少杰. 网络化时代社会认同的深刻变迁 [J]. 中国人民大学学报，2014，28 (5)：67.
② 尼尔·波兹曼. 娱乐至死 [M]. 章艳，译. 桂林：广西师范大学出版社，2004：123.
③ 自国天然. 情之所向：数字媒介实践的情感维度 [J]. 新闻记者，2020 (5)：47.

义,并借助这些符号建构起来彼此理解的桥梁,塑造对事件的共识"①。身份共意是"公众在信息传播与沟通过程中所表现出来的身份特征,通过相同或相近观点的表达达到拥有相近身份的目的"情感共意即"网民在面对同一公共事件时产生的相同或类似的情感"②。

（一）主观化和风格化的个性情感视听表达,是网络短视频创作中情感表达的话语共意

网络短视频在视听语言表达上,有着较强的主观化和风格化,这种视听语言特征与传统视频视听语言相比较,不是一种客观、冷静、超越式的"观看",其呈现出了更为强烈的交流性和沟通性,拉近了与受众之间的距离,形成了网络短视频的视听语言上的话语共意。如网络短视频在视听语言上,大量使用拍摄者主观化视角镜头,或者自拍视角,增强了短视频的个体化情感表达；在剪辑过程中较为随意,大量使用跳接镜头、声音变速变调等,强化情感的表达；大量使用充满情感表达的"视频表情包",增强短视频情感风格等,这种风格的短视频从恶搞《无极》发端的《一个馒头引发的血案》,到直接观点和情感表达的"papi酱"视频,情感化的视听表达弥漫短视频当中。

视频表情包是这种主观化和风格化视听表达的典型代表。视频表情包是对原有静态图片表情包的动态化和持续化发展,和表情包性质一样,网民通过柔化、夸大、伪装、敷衍等表演情形将面容典型化。短视频中的表情包的生成和使用,是一种基于面容的夸大性表演、伪装性表演、敷衍式表演,它的使用预设了我们对情感、观点等面容状态的选择和立场,是自我意识下的选择性表演,也是自我表达和自我认同的媒介符号。

这种主观化和风格化的情感视听表达,使视频生产者与观看者形成语言上的情感共意,使其形成群体识别和群体认同,营造良好的草根和

---

① 谢金林.情感与网络抗争动员：基于湖北"石首事件"的个案分析[J].公共管理学报,2012,9(1):90.
② 焦德武.微博舆论中公众情绪形成与传播框架分析[J].江淮论坛,2014(5):30.

底层性质的网络视听语言。这种表达已经超越了网络短视频的领域，进而影响到传统视频的视听语言表达，如在《舌尖上的中国》《人生一串》等纪录片中，镜头不再是人和物之外的记录者，而是以人或者物体的"模拟者"，充当着人或者物，镜头也成为"食物"，模拟食物进入嘴里的视角，让观看的人有强烈的代入感。同时，也有大量的自拍式的镜头，突破原有纪录片客观的视角，形成了强烈的个人风格。

（二）小切入点与低视角的平等身份情感表达，是网络短视频与观众之间的身份共意

网络短视频在叙事角度上采取了小切入点和低视角的表达，使得观众容易拥有较强的身份认同与情感带入，强化了短视频传播中的情绪和情感，是短视频传播中进行身份共意的有效方法。在网络短视频的传播当中，创作者会以一种非常普通的身份进行叙事，以日常生活等微小事务为切入点，进行平等身份的表达。如"侯翠翠""徐云流浪中国""左克朋"等当下较热的短视频账号，都是以普通人的视角展现三四线城市青年日常生活、辞职骑行、在农村假装别人亲戚等场景，以这种小切入点来回应青年群体当中流行的大城市焦虑、厌倦工作及乡土记忆等情感困惑。

这种小切入点和低视角的身份共意，使网络短视频摆脱了原有视频的精英主义视角，平等的身份增强了短视频的情感共鸣。这在网络时代的纪录片和电视创作中也有所体现，影像中的主人公如同自己，其中的故事也如同自己的经历，脱离了传统纪实主义纪录片对社会小众、底层群体的精英式俯视视角。如《我在故宫修文物》《假如国宝会说话》《早餐中国》等纪录片中，通过对不同职业和物体赋予普通人、普通事的小切入点和低视角叙事，来展现平凡工作中的温馨与坚守，容易获得观众对于自身身份的共意。

（三）互动感和时代感的双向情感反馈表达，是网络短视频创作中的情感共意

网络短视频具有强烈的互动感和时代感，通过对于时代的把握和与

视听的互动，实现观众的情感共鸣与情感宣泄。网络短视频的创作者具有强烈的互动意识，他们在短视频当中经常会以玩笑、弹幕等方式强化互动性；同时网络短视频传播所具有的群体化特征，使其呈现出了鲜明的时代感，对于社会话题、新生事物具有较强表达，增加了生产者和接收者的双向情感共意。无论是短视频应用的设计，还是短视频生产者的话语，都在强化情感的表达，"上滑观看下一个视频""双击点赞""自动循环播放""抖音挑战""分享好友"等功能都在竭力刺激用户情感。

  网络短视频这种强烈的互动和反馈，是与传统视频完全不同的。传统纪实主义纪录片的创作是一种"冷眼旁观"的纪录，无论是其所遵循的直接电影模式还是真实电影模式，都强调对事实的尊重，对情感的表达则非常克制。在互联网及网络短视频的影响下，网络时代的纪录片创作也强化了这种互动和情感表达，如2019年播出的《人生一串（第二季）》以"您几位啊""不够再点""回头再来"等分集名，为全片增添了生活气息和代入感。在片中，通过"请把某某打在公屏上"等解说语，实现与观众互动。在《人生一串》结束时，观众自发在屏幕集体刷"谢谢款待"，通过互动实现情感的共鸣。

  互联网媒介技术所具有的传播属性，与诞生于工业化逻辑之中的广播、电视是截然不同的。互联网传播打破了大众传播的组织模式，使得信息传播呈现出群体化和情感化特性，根植于其中的网络短视频传播也必然呈现出这种逻辑，使当下的视频创作发生了根本性的变化。网络短视频的生产和传播面临着情感转向的新语境，基于情感进行短视频的创作、传播，情感成为短视频传播的动力，也成为用户群体认同的社会化行为，具有强烈的情感实践特征。无论是话语共意、身份共意还是情感共意，都是互联网时代的媒介属性与民众情感诉求在网络短视频创作上的反映。

  如前文所述，对于情感的关注是人文社科领域研究的一次重要转向，重新发掘情感价值，尊重个体的情感需要都是无可厚非的。包括短视频在内的互联网媒介产品为人们的情感表达提供了重要的技术平台，平衡了广播、电视等精英主义视角的大众传媒对于情感的忽略。然而，短视频等互联网媒介产品所带来的群体传播和情感传播，在满足人们情感的同时又严重忽视了对于事实、理性的考虑，使社会进入"后真相"时代而持续分裂和对峙，这也是需要我们有所警惕的一面。

第七章

互联网群体情感传播的生成机制

"情感化"传播是相对于传统大众传播来说的,传统大众传播以新闻专业主义为职业准绳,追求客观、中立和事实真相,并以此成为衡量各家传媒机构专业程度的标准。而对于追求事实的新闻专业主义来说,"情感化"传播相对于传统大众传媒机构,事实本身的重要性在下降,更加关注情感、观点和立场的接近性和一致性。情感、观点和立场等主观情感性因素成为网络时代信息传播的主要方式和目的,情感超越信息成为网络时代用户获取信息的重要原因。"情感化"传播在互联网媒体时代,之所以能够凸显,不仅是人类本身就是情感动物,更有着传播技术变革、信息过剩、眼球经济等多重原因。

第一节 情感是人类信息传播的手段和诉求

在工业革命和资本主义经济产生之前的漫长岁月里,报纸、广播、电视等大众传媒诞生之前,无论是口传心授的人际传播,还是基于地缘、血缘等关系的群体传播,情感化因素是非常显著和重要的,人们凭借着情感维系着和谐稳定的群体关系,个体也在这种群体的互动与交流之中,感受着融入群体的安宁之感。只是在工业革命之后,先进的印刷技术及广播、电视等具有强烈"空间偏向"的媒体产生了,它们伴随着资本主义的发端与成长,与资本逐利的本性相辅相成,互为表里,成为以市场和经济为导向的资本主义的舆论工具,在宣扬自由、理性、平等及私有制的漫长岁月里,大众传媒也摒弃和隐蔽了"情感化"的表述与诉求,逐渐形成了自由、客观、中立的媒体价值和从业操守,讲究事实而非情感,形成了新闻专业主义,并以此作为新闻传播行业的荣誉。但纵观人类漫长的信息传播历史,在人类信息传播的历史长河中,"动之以情"一直是信息传播非常重要的手段,通过"移情"打通彼此感情,让信息得以有效传播。

无论是人际传播还是大众传播,利用情感上的共通性来进行劝服和传播一直是非常有效的。同时,人类信息传播活动中对于情感的需求如同人们对于其他信息一样,是促成人们信息交流的动力,也是人们信息交流的目的,在交流中舒缓情绪,分享情感。情感在人类信息传播当中,既是起因和动力,也是方式和手段,更是目的和诉求。亦如传播一词本身的词源意义,即是要建立"共同性",以符号互动为起点,使用"想象""移情"等关键概念,寻求建立人类交往的共同体。

关注人的情感发展是教育中的一个本源性、根基性的问题。因为只有情感才是真正属于个体的,它是内在的、独特的,也是人类真实意向的表达。从这一意义上说,人的本质正是其情感的质量及表达。心理学家对情感的研究在20世纪有了不少突破性的成果。弗洛伊德经过20多年的思考和临床经验提出了较为系统的精神分析理论,对情绪、情感等心理现象做出了独具特色的理论分析,为世人打开了一个新的人的微型世界。他研究了本我、自我和超我,重视欲望在个体情绪、情感和人格行为中的动力作用。他强调情绪与情感是一种体验,在情绪状态中无意识参与的因素更多;而在情感状态中有意识的体验需求更多。到了20世纪60年代由于认知派的发展,情感研究领域出现了不少新的理论,阿诺德的评价理论成为第二代情绪学说。这一理论不仅把情绪和情感视为有机体生理上的唤醒和个体生理欲望的满足,而且重视客观情境刺激对人意义和作用的认识评价。这就把对情感本质的认识推进到了一个新的阶段。阿诺德认为人的体验是有机体对刺激事件的意义被觉知后产生的，而刺激事件的意义来自评价。20世纪80年代美国心理学家加登纳《智能的结构》一书把情感作为一种能力，这是颇有创造性的论证。在论述"自我感"时写道：在审视人性发展中有"一种是一个人内在方面的发展"，即"能力"，这里起作用的主要能力是通向一个人自己感受生活（一个人情感或情绪范畴）的能力。也就是说，情感已经成为人们精神、认知乃至能力等方面的重要内容，同时情感也是人类信息传播的重要目标和手段。

第二节 情感传播的互联网技术机制

一、互联网技术激发个体情感表达

报纸、广播、电视等大众传播媒介是"点对面"式的传播方式，是线性的大众传播组织形态，而互联网传播则是点对点、点对面式的网状传播。随着通信技术的极大发展，互联网已经实现了人人都可以进行信息传播的功能，每个人都可以设定社会信息的传播议程，人人都可以拥有社会话语的表达权利。学者喻国明将互联网媒体技术定义为以个人为基本单位的传播能量在互联网社交媒体中被激活，个人操控社会传播资源的能力、个人湮没的信息需求与偏好、个人闲置的各类资源都在互联网社交媒体之中被激活。[1]

当个人表达被激活时，互联网传播则具备了强烈的个人化特征，这种个人化特征包括语言表达、心理情感等方面，必然会形成与传统大众媒体客观、理性、中立等传播相异的特征，这就要求传授者都非常关注情感在传播中的作用。互联网媒体的发展和普及，不仅让使用者在信息

---

[1] 喻国明，张超，李珊，等. "个人被激活"的时代：互联网逻辑下传播生态的重构——关于"互联网是一种高维媒介"观点的延伸探讨[J]. 现代传播（中国传媒大学学报），2015，37（5）：1-2.

接触、搜集和传播上极为便利，同时也极大地冲击了传统媒体信息的生产、管控和传播形态，人们的个性化信息需求和传播偏好被激发，由专业化团队或精英把控的传统媒体信息传播偏好被淡化，个体在信息传播中的情感化需求被释放。互联网的网状传播形态和个人传播赋权，是"情感化"传播的技术基础。

随着网络技术的发展，尤其是进入移动互联网时代，信息传播进入了场景化模式。网络社交媒体时代，对人们产生影响的不再是信息内容，而是通过改变、营造社会生活中一个全方位立体化的场景来塑造人们的行为与感受；社交网络媒体的场景化、社交化特性，为个人情绪化表达搭建了网络虚拟空间和场景，这个场景将会强化遍布在世界各个角落个体的在场感，加深个人或者某个群体本身的感情与观点。[1] 尤其近几年以短视频、直播等为主的移动网络视频的快速发展，更让人们的信息传播方式进入了视频化、音频化阶段，形成了一个个场景，置身其中的人们很容易"触景生情"，增强了"情感化"传播色彩。同时，智能化、数据化为社交媒体平台增加了识别用户、争取用户等重大功能，对实现信息传播最大化和信息资源最优配置作用巨大。一方面，网络社交媒体借助云计算、大数据、人工智能等先进技术，深度分析用户使用互联网产生的数据，从而更加精准、有效地向用户推送其比较感兴趣的内容和与自身态度相吻合的观点；另一方面，互联网用户可以借助社交媒体中的"拉黑"、屏蔽等功能将与自身兴趣与观点不同的人隔离，真正体现了"物以类聚、人以群分"的社会现象。[2] 这种基于大数据的算法推送，使用户可以获得自己想看和喜欢看的信息，对不感兴趣、不认同的信息则永远屏蔽。如此一来，受众资讯获取渠道单一，信息接收维度变窄，深深陷入"信息茧房"之中，这无疑加速了"情感化"传播的

---

[1] 马广军. 后真相时代网络社交媒体传播技术因素研究 [J]. 新闻战线，2017（18）：117.

[2] 马广军. 后真相时代网络社交媒体传播技术因素研究 [J]. 新闻战线，2017（18）：117.

形成。

二、网络传播的信息过剩

互联网传播平台的个人传播赋权导致传播者迅速扩张，只要愿意，每个人都可以成为信息的传播者，传播的信息数量也呈几何倍数增长，人民网每天更新的字数是 6000 万字，今日头条每天上传 2000 万条视频，微信每天有 10 亿张图片，我们进入了信息爆炸和信息过剩的时代。但是与信息的迅猛增长相对应的信息接受能力依然非常有限，人类大脑的容量、记忆和信息处理等能力也并没有多少增长和进步。

社会经济的基本特征由供应短缺变为商品过剩之后，媒体的运行自然也就要从"传播为主导"的模式转换为"接受为主导"的模式。观众不再是"魔弹论"时期应声而倒的受众，他们在电视机前不停地切换着频道，在网络上主动搜寻自己感兴趣的信息，或者自拍自演、自娱自乐。[1] 当有限的信息接收能力面对着浩如烟海的信息时，能被关注到的只能是人们需要的、期待的、新颖的信息，而不再是事实性信息。无论是需要的内容、期待的信息还是新颖的信息，都说明在网络传播时代人们获取信息的标准更加实用，更加注重与自己兴趣相关的信息和娱乐性信息，信息的传播者当然也会"对症下药"，使用"情感化"的传播方式来迎合用户。

三、网络传播的叙事与阅读方式

网络信息传播叙事及信息接收方式随着技术的发展而不断变化，尤其是移动互联网时代，移动化、小屏幕、视频化和音频化等传播技术形态对于传播叙事方式和信息接收方式都产生了深远的影响，传播技术决定了网络传播的内容必须短小，平铺直叙，直切主题，形成了网络传播的"短平快"叙事特征。同样移动互联网传播技术也决定了信息接收

---

[1] 隋岩，曹飞. 论群体传播时代的莅临 [J]. 北京大学学报（哲学社会科学版），2012，49（5）：141.

者的"碎片化"阅读方式,人们在移动中阅读,在小屏幕中观看,信息接收无法深入和全面。无论是"短平快"的网络叙事还是"碎片化"的信息接收,在信息传播中不再讲究事实的完整性、复杂性和深刻性,取而代之的则是情感诉求的心理接近,追求实用性强的、自己情感上需要和在意的信息,信息传播的表达方式也是情感化的。移动互联网时代的视频化、语音化的传播方式更是对情感的充分调动与利用,当人们使用口语和朋友视频时,交流中的情感因素必然比大众传媒的书面语要多很多。

同样,一些网络平台为追求经济效益,利用民众接受心理,通过哗众取宠的标题和标新立异的内容以期快速获得人们的注意力,博取眼球,获取高额的流量和点击率,形成"尖叫效应"。传播经济上追求流量至上,流量至上必然带来情绪化煽动,煽动情绪最容易变现。

第三节 案例:网络 ASMR 视听中的亲密情感建构

ASMR 视频是以认知神经心理学为理论基础,主要通过日常化人声和物体声音的情感力量触发用户身心反应而获得放松感觉,由于其主要以听觉信号设计为主,在中文研究中也称"耳搔"。

ASMR 视频基于一种技术组合,可能包括专业话筒、高清摄像头、计算机软件、电信电缆、无线电信号、笔记本电脑、手机、平板电脑、耳机等的复杂配置。① 互联网技术的普及为 ASMR 视听提供了技术条件和传播渠道,在网络空间出现了大量的基于 ASMR 现象制作的视频和音频,其内容主要为耳语、抓挠声、摩擦声、走路声等日常生活化的声音。ASMR 视听在 2010 年兴起于社交媒体 YouTube,目前在 YouTube 上

---

① KLAUSEN H B. The ambiguity of technology in ASMR experiences: Four types of intimacies and struggles in the user comments on YouTube [J]. Nordicom Review, 2021, 42 (S4), 124-136.

有超过1000多万个ASMR搜索结果，全频道播放量超过4亿次。2014年，ASMR视听通过动漫粉丝群体引入国内，目前国内最大的ASMR聚集平台为哔哩哔哩弹幕视频网站，在喜马拉雅等音频平台也有分布，形成了较为固定且庞大的用户群体。作为一种新兴的视听形式，ASMR视听不仅具有独特的理论起源，也具有鲜明的视听语言创作特点，对于丰富视频创作具有很大的意义和启发。

一、ASMR及其理论起源

心理学研究中的ASMR是指自发性知觉经络反应（autonomous sensory meridian response），是一种存在于部分人群中独特的非典型心理感觉现象。在特定的视听刺激下，ASMR敏感个体的头皮后部或颈部会体验到一种令人极度愉快和放松的刺麻感，这种刺麻感往往进一步沿着脊柱向身体的其他区域传播。这些麻痛的感觉可以被某种听觉和视觉触发器所激发，通常伴随着放松的感觉，许多体验ASMR的人主动参与这种感觉，以缓解负面情绪，并诱导睡眠。[1]正是由于ASMR所具有的独特反应机制，该理论被用于多个领域中，如健康、助眠、广告等。

ASMR这一术语主要包含了这样几个身体感知特点，一是Autonomous，是一种自发且不能自主的身体反应活动；二是Meridian，即一种身体高峰体验，但不等同于性高潮。ASMR主要是从身体感觉和心理情绪两个方面获得满足，即身体感觉上的特异刺麻感和心理情绪上的愉快、放松感。那么日常声音是如何使人产生这种身体及心理感觉的？在国内外关于ASMR的研究成果中，发现这与人的个体差异和大脑感知区域密切相关。一方面，ASMR并不是每个人都能体验到的，作为一种独特的感觉现象，其敏感度也存在很大的个体特质差异。相关研究表明，具有较高神经质、较高共情和较高正念等特质的人群，更容易成为ASMR敏感群体，他们在视听刺激下容易产生更多的联想和幻觉，并能

---

[1] BARRATT E L, DAVIS N J. Autonomous sensory meridian response（ASMR）：A flow-like mental state [J]. Peerj, 2015, 3：851.

够更充分觉察身体和情绪的变化，从而获得更为强烈的身体体验。另一方面，对 ASMR 比较敏感的人群其大脑默认各脑区之间的功能连接相对较弱。由内侧前额叶、内侧颞横回、双侧下顶叶、楔前叶和后扣带回等脑区构成的大脑默认网络系统，在受到 ASMR 触发的情况下，普通人仅仅是右侧楔叶受到刺激，而敏感人群的内侧前额叶、中央前回、左颞上回和左楔叶都被刺激，导致其更容易产生强烈的身体和情绪反应。

需要注意的是，ASMR 与我们传统认知中的联觉和审美战栗等感觉现象是有所不同的。

首先，联觉是指一种感觉刺激可以额外地引发另一种感觉，也就是不同感觉的混合。① 如人们看到一些词汇会有特定的味觉、视觉联想等。ASMR 与联觉的区别主要在三个方面：第一，联觉的发生是一种非社会性刺激的额外感觉反应，如对文字、数字的反应，是通过符号到感觉的转变，但 ASMR 通常包括社会性吸引，如日常生活中的耳语、吃饭、走路、化妆等，都有可能触发人们的身体反应。第二，与联觉相比，基于人际互动信息的亲昵社会行为是触发 ASMR 刺激的重要手段。如 ASMR 视频中声音非常轻柔，通过模仿耳语等行为来进行亲密建构。第三，联觉的身体和感觉体验是相对持续的，而 ASMR 反应中的刺麻感和舒适感通常是动态的和波浪式的。

其次，审美战栗是个体在欣赏艺术作品或者自然风光时所产生的寒战体验。这是我们在聆听音乐或者观看电影时经常会出现的身体反应，但其与 ASMR 有着本质上的区别：第一，在形式上，激发审美战栗需要更为震撼的内容或者表达，而触发 ASMR 则往往是一些日常化的事物。第二，在感官上，虽然两者都会出现身体上的颤抖，但审美战栗更多出现在颈部和手臂。第三，在触发和刺激的预测性上，ASMR 更具预测性，而审美战栗的身体感觉并不是非常确定的。传统电影、电视、广播和绝大多数网络音视频等作品，都是基于审美战栗使得观众达到情绪上

---

① 王协顺，等. 自发性知觉经络反应中产生刺麻感和积极情绪的原因[J]. 心理学探新，2021, 41 (2)：117.

的愉悦与享受。

二、ASMR 视听中的亲密情感建构

以互联网技术为基础的 ASMR 视听产品，其结构与技术密切相关，本质上是试图通过技术建立一种亲密关系的准社会互动。① 有研究者认为，ASMR 视频通常采用人们耳语的形式，利用"耳语声音的印象的情感力量，创造了一个听众和耳语者共享的亲密的声音空间"②。ASMR 视频还有人们使用物体发出日常生活化的声音，或者是角色扮演视频，ASMR 视频创作者通过这种"关心的表达"与观众进行虚拟互动，其本质上是一种数字亲密。③ 一般来说，亲密性包含了三种不同的层面，即身体、信息和情感。ASMR 视频通过数字中介，跨越时空距离产生亲密感，进行亲密实践。Helle Breth Klausen 认为 ASMR 视频是通过空间、实践、社会和具体化来实现亲密空间的建构。④ 空间上的亲密感是通过 AMSR 视频特写构图和声音放大来实现的；时间上的亲密感，即时间上即时性地唤起，营造此时此地的形式；社会亲密关系是通过准社会互动形式来体现的；而具体化则是视频的具象性特征。

罗琳梓等认为，ASMR 视频对于用户形成了第三空间，这种第三空间不是现实空间也不是纯粹的虚拟空间，而是一种由用户同 ASMR 主播共同创造的第三空间，就是用户在基于高度私密的现实空间（第一空间），通过收看 ASMR 时高度开放的网络空间（第二空间），建立一个

---

① Klausen, H. B.. The ambiguity of technology in ASMR experiences: Four types of intimacies and struggles in the user comments on YouTube [J]. Nordicom Review, 2021, 42 (S4): 124-136.
② MICHELE Z. Ambient Affiliation in Comments on YouTube Videos: Communing Around Values About ASMR [J]. Journal of Foreign Languages, 2021, 44 (1): 21-40.
③ Michele Zappavigna. Ambient Affiliation in Comments on YouTube Videos: Communing Around Values About ASMR [J]. 外国语（上海外国语大学学报），2021, 44 (1): 21-40.
④ Klausen, H. B.. The ambiguity of technology in ASMR experiences: Four types of intimacies and struggles in the user comments on YouTube [J]. Nordicom Review, 2021, 42 (S4): 124-136.

由主播用触发器声音引导的既有私密性又具有开放性（不只有主体还有其他客体）的想象现实之地。

也就是说，AMSR视频是基于认知神经心理学理论，由视频创作者和用户共同建构的数字亲密空间，用户通过身体的刺麻感以期获得心理上的愉悦和放松。而这种数字亲密空间的建构，使ASMR视频在内容、表达和用户需要等方面呈现出了较强的特点。

（一）ASMR视听中的亲密性内容

ASMR视频作为触发器，可以使用户获得愉悦与放松，所以其内容多为对日常生活的模仿，如耳语、剪头发、吃东西、采耳、按摩、抓挠身体、走路、刷东西等人声或者物体声音。

ASMR视频内容从类型上已经非常丰富，从纯粹的视觉或者听觉刺激发展到建构特定场景，将各种触发因素交织嵌入其中。一方面，ASMR视频是由单纯模仿人声或者物体声音来构成，这些声音来源于人们从事的细致或者重复任务；另一方面，近些年ASMR引入角色扮演等形式，来对日常生活进行扮演，如理发、按摩等。与其他视频相比，ASMR视频内容呈现出了显著的日常生活化和无情节化特征，而这种日常化和无情节化的内容便于用户心理幻想的激发，也容易营造亲密性。

ASMR视频内容的生活化，是触发用户ASMR机制的有效元素，可以激发用户深层次记忆和幻想。曾有研究者描述过用户的心理感受：我比较喜欢听轻缓的，类似于风铃的声音，因为每当我听到风铃的声音的时候，我脑海里面总会去想象在一个下午，我躺在家里的地板上，听着外面的风铃声，那个时间就会变得非常缓慢，以至于我有时候会忘记自己什么时候睡着的，时间变得很模糊。而内容的无情节化，则是指ASMR视频内容是一种重复、平淡的状态，没有跌宕起伏的剧情化内容，这是与我们传统视频制作所完全不同的。

（二）ASMR视频的亲密性需求

通过观察，当下网络用户对ASMR视频多用于助眠、色情、情绪安抚等，以此来获得身体的刺麻感和心理上的愉悦、放松。ASMR 视频作为一种能够触发身体"冒泡"的触发器，已经成为促进身体亲密性的消费产品。

在哔哩哔哩网络视频平台上，ASMR 视频的主要搜索标签为助眠，通过这种 ASMR 机制进行催眠成为其主要的需求。同时，色情也是 ASMR 视频的主要需要之一，虽然 ASMR 反应中的"高峰"感是不同于性高潮的，但用户依然会用"颅内高潮"来形容，这也是 ASMR 视频需要重点治理的地方。此外，还有通过 ASMR 视频进行放松的，如在"吃播" ASMR 视频中，有人通过吃东西的声音获得放松和愉悦。

三、ASMR 中亲密情感的视听语言特点

ASMR 视频的亲密性表达是一种准社会互动。当下部分用户基于 ASMR 视频兴趣建立网络社区空间，形成趣缘网络群体。国外 Youtube 视频网站建立了 ASMR 兴趣社区频道，国内哔哩哔哩弹幕视频网站也曾在生活频道下设立 ASMR 专区，促进群体之间的交流，是其准社会互动的一种形式。而在另一个层面，唐纳德·霍顿认为基于视频中介所建立的关系，是一种远距离的"非互惠亲密关系"，因为其本质是一种创造独特人际关系的互动形式，是一种单向逻辑的建构。[①] 而 ASMR 视频中"创造独特人际关系的互动"，则是通过视频构图、声音处理、语言技巧等方面实现的。

（一）ASMR 视频以观众视角的主观化特写镜头为主要构图形式，以期营造空间和身体上的互动。身体和空间是建构亲密性的重要元素，而观众的主观化视角和特写镜头，则可以帮助 ASMR 视频实现身体和空间亲密的表达手段。通常，我们认为空间的亲密意味着在触摸距离之内（视觉距离）对自我的关注（观众视角），所以 ASMR 视频创作者会伸

---

① KLAUSEN H B. The ambiguity of technology in ASMR experiences: Four types of intimacies and struggles in the user comments on YouTube [J]. Nordicom Review, 2021, 42 (S4): 124-136.

手去触摸摄像机（如同触摸观众的脸），并且对声音发出器官，如嘴、手或者物体等进行特写，营造出身体上的亲密感。

（二）低音量、低音调、慢节奏、强调细节、无背景的放大声音，是 ASMR 视频情感力量的主要表达方式。与我们传统意义上对视频声音的要求完全不同，ASMR 视频的声音完全走向了反方向，其更多地采用耳语、唇语等清晰度非常低的人声，以及摩擦声、走路声等重复且没有过多社会意义的物体声音，并通过高清双声道录音器材和播放耳机，对这些声音进行放大，凸显声音细节，从而触发听者的 ASMR 反应机制。鉴于耳语在创造一种社交、亲密存在的体验方面尤其重要，这种体验也与时间上的亲密关系有关，声音在倾听的瞬间是短暂的、同时的，所以耳语成为 ASMR 最早且最重要的一种声音类型。

同时，ASMR 视频中的声音会有大量的"留白"，即其声音不是持续不断的，而是中间会有大量空白。这种声音留白，为听者留下了大量的时间和空间，可以让听者进行幻想。而这也是 ASMR 视频一般无背景音的主要原因。

（三）"关心、兴趣和肯定的表达"是 ASMR 视频的语言技巧。ASMR 视频为了营造一种身临其境的感觉，在语言上呈现出一种关心的、有兴趣的和肯定的表达特点。关心即对听者情绪的关注，表现在内容和称谓等方面，单向直接称呼是这种亲密情感的最显著表达。兴趣则更多地体现在诱导式的表达中，旨在唤起听者的注意力。肯定的表达构成了一种单向创作的想象式互动，主要是为了推进叙事而让用户有积极参与的心理。需要说明的是，这种语言技巧多在角色扮演类 ASMR 视频中使用，并且都是比较简单的，清晰的语言表达，不适用于 ASMR 的触发。

四、亲密情感的表达：ASMR 在视听中的启发与探索

通过前文对 ASMR 视频的理论和实践分析，我们不难看出电视等传统视频与 ASMR 视频还是有着很大的差异的。但鉴于两者都是以视听语言进行表达，且 ASMR 视频拥有庞大用户需求群体，其触发具有可操作性以及用途的广泛性，有必要分析 ASMR 视频对电视等传统视频创作领域的启发和探索。

随着互联网媒介的不断普及和技术更新，在可预见的范围内电视行业的调整和转型还需要漫长的时间。在科技水平不断发展的未来，在技术层面上，电视不仅会更加智能化，还会更加"立体"，势必会大量使用 360°虚拟现实（VR）、3D 双耳声音等技术，不断增强与观众身体的感应交互能力；而在节目类型层面上，电视的大众传媒属性会有所减弱，其服务性、个性化、"垂直化"的特性会不断增强，节目类型和表达方式会更为多样化。而这，正好为电视等传统视频进行 ASMR 类型节目创作提供良好的技术基础与市场基础。ASMR 对于电视等传统视频而言，具有纵向意义上的创作探索，也具有横向意义上的功能启发。

在创作层面，未来电视等视频可以增加健康、心理缓解、文化读书和广告等类型的服务性节目，并在这些节目中利用 ASMR 反应机制进行节目创作探索。如可以探索健康养生类节目，进行抑郁、精神压力和慢性疼痛的治疗，而这些已经在 ASMR 研究中被证实且被应用；或进行广告创作，喻国明等学者在研究中发现"ASMR 广告能够比普通广告诱发更多的情绪唤醒和注意分散，以及更少的心理负荷"[1]。如果说在创作层面，ASMR 的应用是具体且有一定限制的，那么在电视功能与表达层面，ASMR 给予电视等传统视频创作的启示则是非常大的。

（一）电视等传统视频从公共性到亲密性、情感性的探索

电视等传统视频作为大众媒体，其内容生产、价值导向都具有较高的公共特性。但是随着未来媒介的垂直化发展，电视在公共性之外也要进行内容领域的垂直化探索，而 ASMRS 视频的亲密建构是对电视的一个重要启示。其实早在 60 多年前，社会学家唐纳德·霍顿和理查德·

---

[1] 喻国明，等. ASMR 广告的传播效果：基于认知神经科学的视角 [J]. 中国心理学前沿，2019，1（10）：772.

沃尔曾经用"准社会互动"来描述电视表演者与观众之间的关系幻觉，并将这种关系称为"远距离的亲密关系"。而卡夫卡在霍顿和沃尔的观点基础上，也曾将电视视为一种亲密关系，认为"电视作为一种亲密技术，通过在空间、时间和情感上接近事物来实现其功能"[①]。只是随着电视的发展，其公共属性不断增强，才使这种亲密关系被弱化。

而对电视亲密性的探索，则要求电视节目适当从宏大叙事转向日常叙事，增强对日常生活的关注。近些年综艺节目、影视作品中出现的"弱剧情"，以及"慢直播"等视频新样态，就是观众对于日常生活细节关注需求的结果。笔者观察，近些年在网络视频平台上中央电视台的老版《三国演义》《西游记》及《武林外传》等经典影视剧的播放量非常高，其受众大多为青年群体。在访谈中，受访者对这些经典影视剧的观看不是出于剧情，而更多的是将其嵌入生活记忆中，这些影视剧是作为他们的生活背景和成长记忆而被观看的，类似于ASMR视频中的"物体音"，从而获得一种心理愉悦。

（二）增强电视视觉表达的互动性

传统电视的视觉表达呈现出大气、客观、公正的特点，多采用远景、全景、近景等构图，且严谨、工整。这种视觉表达与ASMR视频相比，缺乏视觉上的互动表达。而在互动无所不在的当今，需要在这种单向度的视觉表达之外进行适当探索，尝试电视视觉的互动表达。

（三）重视电视的声音表达

传统电视在声音和画面的关系上，或多或少存在着重画面而轻声音的现象。而在ASMR视频当中，对于声音的处理是优先于画面的，对声音的要求非常高，强调声音的细节，无论是其制作者还是听者，都需要较高的音频技术匹配。而随着移动网络不断发展，对媒介产品的伴随性

---

① KLAUSEN H B. The ambiguity of technology in ASMR experiences: Four types of intimacies and struggles in the user comments on YouTube [J]. Nordicom Review, 2021, 42 (S4): 124-136.

接收将是常态，而声音则是这种接收方式的最优选择。

总的来说，ASMR 视频的产生虽然是基于 ASMR 反应机制和网络技术，但其快速发展则是人们缓解身体和精神不适需求的结果，是人们进行准社会化互动获取亲密关系的媒体实践。而作为传统大众传媒的电视，应该在技术发展和市场变化的双重力量作用下，探索新的节目类型和表达方法，增强电视节目的亲密性建构，重视电视视觉表达的互动性，并挖掘电视等传统视频的声音价值。

第八章

互联网情感传播的影响

互联网群体传播时代,人们通过媒介选择、技术偏好、网络服务应用等,打破了同质化的"大众"并进入"物以类聚,人以群分"的群体传播当中。受制于对媒介的选择和使用、所处的社会关系和环境、所具有的思维和认知等因素,不同的人在虚拟的世界中形成不同且彼此区隔的群体。虽然这种分化和区隔还未达到社会阶层那样深刻,但这种分化和区隔已经是互联网带给人们生活的重要影响之一。

第一节 群体分化与群体极化

综观当今世界形势,我们正在经历冷战结束以后最深刻的演变。全球化进程有所退缩、国际战略格局深刻调整、大国力量对比变化加速、不同社会思潮相互较量、各国公共管理陷入困境。当前既有和平、发展、开放、自由,也有冲突、衰退、孤立、保守,全球进入一个困顿的新阶段,全球化进入了一个相对的"间歇期","全球保护主义、孤立主义、民粹主义、保守主义纷纷抬头,全球化的核心价值观念自由、开放遭受前所未有的质疑"。在这种思潮的影响下,社会发生了急速变化,国际形势也是跌宕起伏,政治上的和社会上的"黑天鹅"事件让人目不暇接:特朗普的当选及其执政政策、英国以全民公决方式脱欧成功、德国默克尔的移民政策受到挑战、法国极右翼势力勒庞的广泛呼声、西班牙加泰罗尼亚独立公投等事件让人目不暇接，各个群体之间的割裂凸显。

一、观点、立场及情绪比事实重要的群体割裂

2016年的美国大选，美国传统主流媒体预测希拉里将会赢得选举的情形下，特朗普则充分利用互联网社交媒体煽动民众情绪，成功竞选出乎世界意料。同时，默克尔的难民政策和英国的脱欧，网络社交媒体上普通民众与传统精英政治意见分歧巨大，更是极大地挑战了精英政治和"政治正确"。而在中国，互联网社交媒体的问题主要体现在谣言泛滥、虚假信息甚嚣尘上、非理性舆论宣泄、伪民意舆论泛滥、道德绑架式的舆论绑架等，在一个事件当中舆论的两大阵营并不以事实为根据，而是进行情感、立场的站队与对立。

当民众仔细端详这个世界的时候，原有的认知和判断已经无法适应新的变化，一些政治、社会现象所表现出来的社会割裂与分化已经与真相、事实无关，似乎已经没有真相，我们已经迎来了所谓的"后真相"时代。"后真相"已经被牛津词典列为2016年年度词汇，也就是说，相对于意见和观点的随意性来说，事件本身或事实本身的重要性在降低，而这些意见和观点往往建立在人们更为本性和情绪化的信任立场上，人们更能通过情绪和意见建立彼此间的信任，而非我们传统认为的事实。

龚群在其《后真相时代与民粹主义》一文中指出"这些政治事件之所以吸引人们的注意，是民粹主义的不断涌动和得手"。与此同时，吴晓明在其《后真相与民粹主义："坏的主观性"之必然结果》一文中认为"无论是所谓的'民粹主义'还是所谓的'后真相'，都是现代性发展到特定阶段上的产物，是无限制的主观性，即'坏的主观性'——它潜在地包含在作为主体性哲学的现代形而上学中——之合乎逻辑的必然结果"。在平民公共领域所表现的民粹主义的"坏的主观性"，不是个体的主观性，而是群体的坏的主观性。"这种坏的主观性可用一个概念概括：怨恨。对统治集团精英的失望，从而导致对制度的怀疑，而所爆发出来的情绪就是怨恨。"

二、社会割裂的互联网社交媒体特性因素

（一）互联网社交媒体激活了个人力量

互联网重构了媒体与大众之间的权利关系，渠道类别与层次发生了很多变化，其多样性为人们的个性化信息需求与传播偏好带来了更多的选择与机遇，传统媒体所主导的信息偏好逐渐被淡化，个人在信息领域的情感和需求被极大地释放和满足。

（二）互联网社交媒体的场景化

从传播工具、渠道、媒介、平台进化是互联网发展的路径，也是信息技术基础性社会要素的过程，这种变化与演进导致了社会资源分配规则及权力分布格局的变迁，其对信息传播影响非常大，包含了人与人连接的场景与方式，同样也导致了社会关系网络的变化。互联网作为一种交互性、便捷性、隐蔽性、离散性的工具，其正在创造前所未有的社会场景，所具有的连接动态、平台开放、网络组织的流动以及人工智能、虚拟现实等新发展的技术，裹挟着人们进入"场景细分"的时代。场景的变动，对于身处其中的人们在社会中的角色定位、行为脚本、交流规则、社交场景产生基础性的影响，信息技术也不再是仅仅通过信息内容来影响人们，而是通过改变、营造社会生活的场景来塑造人们的行为与感受。移动时代场景的意义大大强化，移动传播的本质是基于场景的服务，即对场景（情境）的感知及信息（服务）适配。换句话说，移动互联网时代争夺的是场景。

互联网社交媒体的场景化、社交化特性，为个人情绪化表达搭建了网络上的虚拟空间和场景，这个场景将会强化遍布在世界各个角落个体的在场感和现场氛围，加深了个人或者某个群体本身的感情与观点。当特朗普不再通过非常权威、主流的美国电视发布国际国内政策，而经常在凌晨或者半夜，闲言碎语地在其个人推特上发布政令，让世人产生了猜想，不仅让其发布的政令有了一种神秘的感觉，也让特朗普的底层支持者产生了抛弃代表精英政治的传统广播、电视媒体的异样快感。同样，当土耳其发生政变时，土耳其埃尔多安总统在政变当晚通过视频通话软件FaceTime申明其政权合法性，并呼吁民众反抗的画面，已成为这场政变标志性的画面之一，营造出了艾尔多安总统力挽狂澜、扭转乾坤、运筹帷幄的场景，这无疑对于其形象还是支持者来说都具有不可比拟的作用。

（三）互联网社交媒体的数据化和智能化

智能化是互联网社交媒体发展的基本趋势，智能化为识别用户、争取用户，对实现信息传播的最大化和信息资源最优配置作用巨大。互联网社交媒体凭借大数据、智能化等特征，通过互联网数据的综合分析让散落各个角落而不互知的个人和群体能够快速准确地找到自己的同类，进而抱团影响更多的人转向自己的观点。

互联网社交媒体凭借大数据、智能化等特征，通过互联网数据的综合分析让散落各个角落而不互知的个人和群体能够快速准确地找到自己的同类，进而抱团影响更多的人转向自己的观点。

综上所述，也正是互联网社交媒体的个人民主化表达，及移动互联网的社交化、场景化、智能化等技术特性决定了受众使用媒体的过程中，会有社会群体的"受众区隔"或者社会割裂现象的出现。学者弗朗索瓦·萨巴指出新媒体技术的"分众"功能，新媒体决定了片段化的、分化的观众，虽然就数目而论算是大众，但从信息接收的同时性与一致性来说，他们已经不再是所谓的大众了。由于互联网时代传播的信息与来源具有非常强的多样性，观众本身的选择性会极大提升。受众的信息接收从之前的传播到现在的选择，因选择而强化了人们本来的信息差别，固化甚至强化了彼此间的信息偏好而导致的区隔化。美国学者唐纳德·肖等在"议程融合"理论中指出，人们选择、使用媒介往往是出于对社群的归属需要，因此，媒体使用本身是在强化这种归属，也就是强化人群的分化。

三、互联网社交媒体的社会群体割裂

维纳在《控制论》中指出技术发展对善和恶都带来无限可能性。传统信息的来源是中心性的，是点对面的，其主导权控制在社会精英阶层，如果说作为传统媒体的杂志、书籍、报纸、广播和电视等媒体天然地具有精英政治的特性，那么互联网社交媒体已经打破在传统媒体时代中所确立起来的各个媒体形态之间的信息垄断，每个人都可以是一个信息源，互联网社交媒体所发布的信息可以传播到任何一个角落，互联网媒体天然地带有民族主义、民粹主义的个人化、平民化特征。

在互联网虚拟社会中，以往群体之间的信任（这种信任可以是具有相对"普世价值"的"政治正确"、全球化、民主与自由等）正逐渐被一种反传统、极端化、民粹化的社交网络姿态所代替。各个社会群体之间联系与纽带依然以信任为媒介，然而信任的发生不再需要事实，或者理性证据，而是依靠情绪化的本能，也就是观点和意见。被信任的往往不是值得信任的对象或者事实，而是与自己观点和意见相一致的意见者。这种由不信任演化来的逆反心理，整体呈现出对经典信任体系的叛离，它源于道德，又脱离道德，从理性选择中来，却走向对理性的绑架，它是"想象共同体"因有共同敌人而产生的无原则信任（unprincipled trust），或因共同的愤怒、不满的情绪而短暂"结盟"，产生"对立认同"，形成强迫性不信任（compulsive distrust）。"对立认同"是双方具有某种共同的对立面而形成的联合。在社交网络中，彼此之间的信任由一种理想化、简单化的社会机制，逐步转变为制造社会群体隔阂，形成彼此不同观点群体的对立认同，甚至产生网络暴力的力量。而这些互联网社交媒体的特性与其具有天然的接近性。

因此，全世界信息传播的平民化、平面化对事实的发生、信息的发布以及对事件真相的认识发生了结构性的变化，传统大众媒体的作用与功能正在衰退，但网络社交媒体的作用正在凸显增强。一方面，传统精

英利用传统的报纸、电台、电视等媒体形成了一个精英公共领域或者舆论场;另一方面,社会每个成员均可以利用互联网社交媒体这一平台来发出自己的声音,事实上已经形成了一个平民性的公共领域或者舆论场。这一平民公共舆论场并不仅仅是一个发声的平台,而是一个交往的平台。各种不同政治倾向或兴趣爱好的人利用这种平台或者媒体,能够超越地域的界限,组成某种网络共同体进行交流与互动。当特朗普在底层选民的支持下当选之后,西方精英阶层及主流媒体认为民众没有充分认识到这一点,认为民众在政治正确之下迷失了,但实际上是对涌动于网络社交媒体中的民粹主义视而不见,同时也忽略了平民公共领域的舆论。正如吴晓明所认为的:"关于'后真相'的议题,看来是与公共舆论的境况所发生的重大转折相联系的,而这种转折又特别是与媒体手段的变革('新媒体'、互联网、社交媒体等)相表里的"。互联网社交媒体一方面被底层的、平民化、情绪化、观点化、区隔化的"后真相"、民族主义、民粹主义、保守主义所利用,而另一方面互联网个人化、聚类化、场景化又在一定程度上助长了当下各个群体的割裂,彼此的交流不可逾越。

第二节 互联网时代信息交流的无奈

一、"后真相时代":观点、情绪先于事实

当今世界出现的一系列所谓"黑天鹅"事件,原有的认知和判断已经无法适应新的变化,在整个舆论场里面似乎没有真相,我们已经迎来了所谓的"后真相(post-truth)"时代。人们通过情绪和意见建立彼此间的联系,而非我们传统上认为的事实本身。

尤其是2016年的美国大选,特朗普充分利用互联网社交媒体激发和煽动底层民众情绪,成功竞选出乎全世界的意料。同时,默克尔的难民政策和英国的脱欧，在网络社交媒体上普通民众与传统精英政治意见分歧巨大，更是极大地挑战了精英政治和"政治正确"。有研究者认为以上这些政治事件是民粹主义的不断涌动和得手，是现代性发展到特定阶段上的产物，是无限制的主观性，他甚至认为这是一种底层民众对于统治精英的怨恨和失望而导致的结果。① 传统上，所谓的精英阶层与中下层民众在互联网社交媒体表达平台的快速发展和普及的情境下很难再保持一致或趋同，各个群体之间被不断割裂，鸿沟扩大。美国当选总统特朗普以违反政治常识和政治正确的言论，激起了民众的主观情感而得到大部分选民的拥护支持，这也恰恰就是对底层民众怨恨的情绪和立场的利用与刺激。学者全燕认为，一方面，人们对传统媒体和公共机构的权威性缺乏应有的信任，将遭遇失信和背叛的风险无限放大，导致公权力被污名化；另一方面，人们明知是谎言或假信息，却因为它迎合了某种情绪和利益诉求而不由分说地选择了相信。②

无疑，我们进入了一个有意或者无意的以立场代替客观、以情感代替理性、以观点代替事实的主观性群体割裂的政治、社会的"后真相"时代。

二、媒介即讯息：网络社交媒体表达下的"后真相"特征

互联网社交媒体作为当今社会非常重要的存在，已经普及到全球绝大部分用户手中，同样地从上述"黑天鹅"事件之中我们发觉了互联网社交媒体的影子，无论是"阿拉伯之春"、土耳其政变还是特朗普利用新媒体宣传，都可以清楚地看到技术的进步，特别是互联网的发明和互联网社交媒体、自媒体的普遍应用，对于我们所说的"后真相"形成提供了一种媒体技术的因素，互联网作为一种革命性、颠覆性力量，

---

① 龚群. 后真相时代与民粹主义问题——兼与吴晓明先生唱和 [J]. 探索与争鸣，2017（9）：55.
② 全燕. "后真相时代"社交网络的信任异化现象研究 [J]. 南京社会科学，2017（7）：113.

正在重构整个社会的信息资源配置模式和权势构造，互联网社交媒体的个人赋权、互联网媒体的社交化功能、移动社交媒体的场景化与互动化趋势、互联网媒体的大数据与智能化发展等特性，似乎都在扩张着传播行为的个体化、碎片化、情感化，这些趋势无疑会助推以意见、观点、情绪为诉求的个人或者群体的力量，对整个社会的割裂、分化起到非常重要的作用。同时，"后真相"时代注重情感、观点、意见的表达方式，也为互联网社交媒体的快速发展提供反作用力。这不禁让人想起了传播学大师麦克卢汉的那句经典语录：媒介即讯息。媒介的形态本身会对信息产生直接的影响甚至就是信息本身，那么网络社交媒体的媒介形态与传统媒体的核心区别何在？

随着技术发展，互联网社交媒体已经实现了人人都可以进行信息表达，每个人都可以设定社会信息传播议程，人人都可以拥有社会话语的表达权力。互联网社交媒体的普及让普通民众可以非常便利地进行信息的接触、搜集和传播，极大地提高了个人实现表达权利的能力和内容生产传播的能力，这与传统大众传播时代由精英和专业团队的专业化传播形态完全不同。同时，传统大众媒体中由精英阶层扮演的"守门人"的角色不断弱化甚至失效，议程设置的能力也在逐渐丧失，互联网让媒体与民众之间的权利关系发生根本性变化，其渠道类别与层次不断丰富，为人们的个性化信息需求与传播偏好奠定了技术基础，传统媒体所主导的信息偏好逐渐被淡化，个人在信息领域的情感需求被极大地释放和满足。互联网社交媒体的个人表达的赋权特征以及个性化信息需求被满足的特性，为意见、观点的表达提供了人员准备与传播的可能性，是群体割裂中个人表达和个性化表达的基础。

互联网作为一种交互性、移动性、分散性、平民性的传播技术工具，其正在创造前所未有的社会场景，因为其所具有的动态性链接、开放性平台、流动性的网络组织以及虚拟现实、人工智能等新兴技术，人们进入了"场景细分"的时代。而智能化、数据化是互联网社交媒体发展的重要趋势，智能化、数据化可以为社交媒体平台实现识别用户、争取用户等重要功能，这对实现信息传播的最大化和信息资源最优配置作用巨大。同时，信息科学技术的发展也正在推动媒体更加智能，网络社交媒体借助云计算、大数据、人工智能等先进技术，在互联网社交媒体中真正体现了"物以类聚、人以群分"的社会聚合和割裂现象。

三、基于立场和意见的"对立认同"：互联网社交媒体下交流的不可能性

著名学者维纳曾经推断："技术发展对善和恶都带来无限可能性。"① 传统信息的来源是中心性的，是点对面的，其主导权控制在社会精英阶层，如果说作为传统媒体的杂志、书籍、报纸、广播和电视等媒体天然地具有精英政治的特性，那么互联网社交媒体已经打破在传统媒体时代中所确立起来的各个媒体形态之间的信息垄断，每个人都可以是一个信息源，互联网社交媒体所发布的信息可以传播到任何一个角落，互联网媒体天然地带有民族主义、民粹主义的个人化、平民化特征。也许民众在面对迅速普及的社交媒体通信工具的时候，试图通过这种个人化、圈层化、场景化的工具袒露自己的情感与立场诉求，或是网络社交媒体的个人化、圈层化、场景化的传播特征催生了各个群体打破"政治正确"的勇气。网络社交媒体的兴起与"后真相"时代的到来必然存在着千丝万缕的关系，只是我们还不能确定当下的"后真相"时代与网络社交媒体之间是蛋生鸡还是鸡生蛋。

在互联网虚拟社会中，以往群体之间的信任正逐渐被一种反传统、极端化、民粹化的社交网络姿态所代替。各个社会群体之间依然以信任为媒介彼此联系，但不同的是信任的发生不再以事实为主导，而是依靠情绪化的本能，也就是观点、情感和意见。被信任的往往不是值得信任的对象或者事实，而是与自己观点和意见相一致的意见者。借助情感的认同甚至会导致对不信任者的逆反心理，形成了所谓的双方具有某种共

---

① 诺伯特·维纳. 控制论[M]. 郝季仁, 译. 北京：科学出版社，2009：56.

同的对立面而形成联合的"对立认同"。无论是特朗普的当选还是默克尔的难民政策,无论是英国的脱欧还是法国极右翼势力勒庞获得广泛支持,本质上都是民众通过网络社交媒体进行的本来就有的情绪与观点的表达和狂欢而已。

四、彼得斯的意义:免于传播与交流的自由,手拉手而非心连心

在面对社交媒体与"后真相"合谋的时代,对于人与人之间、群体与群体之间、国家与国家之间、文化与文化之间能否进行深度、有效地传播与交流停顿时显得信心不足,让人不禁想起美国学者彼得斯写的《交流的无奈——传播思想史》(Speaking into the air)一书。从该书书名之中我们就可以看出作者对于传播与交流所持的悲观及怀疑的态度。在主流研究范式的支配下,传播学自诞生之日起就一直受到功能主义的影响,遵循"媒介接触和使用产生效果"的功能思维模式,侧重通过什么媒介或者渠道、方式、叙述等完成有效的传播效果。

彼得斯在其著作《交流的无奈》中重新审视传播与交流,认为传播是人的根本境况,将传播从信息、舆论等常规框架的审视之中剥离出来。通过对宗教、哲学、社会、历史、文学、政治和媒介技术发展的综合利用和分析,作者在传播学领域中独辟蹊径,认为19世纪出现的交流与传播的困境,是一种"现代病",其本源来自西方"个人本位"主义。同时作者认为"个体意识的相互隔绝,是人类既定的特征",人们应该放弃心灵共享、心连心等,"交流时无法逾越的障碍"。[1] 詹姆斯在其《心理学原理》中指出每个心灵都守着它自己的思想,心灵之间没有给予或交换,思想甚至不能直接进入另一个个人的意识(而不是它自己的意识)中的思想的视野。时间和空间上的接近,性质和内容的相似性,都不能将思想融合在一起,思想被属于不同的个人心灵这道屏障给分离了开来。这些思想之间的裂缝是自然中最绝对的裂缝。[2]

---

[1] 彼得斯. 交流的无奈:传播思想史 [M]. 何道宽,译. 北京:华夏出版社,2003:4.
[2] 詹姆斯. 心理学原理 [M]. 田平,译. 北京:中国城市出版社,2010:318.

这与上述我们分析的"后真相"时代和网络社交媒体注重个人主义的特征遥相呼应，人类传播与交流在社交媒体兴盛和现代性发展到一定程度的当下，彼此间的不可交流性似乎格外凸显。彼得斯在人类传播思想史上，开凿了一条不同于追求共同体、可交流的新的传播思想路径，虽然没有波澜壮阔，也没有车水马龙，但给人们另一种启示：免于传播与交流的自由。

在传播可能会成功也可能会失败的既定事实面前，在审视交流两端主体和交流场景时候，有效的交流需要太多的传播要素，而交流失败或者交流徒劳确实常常存在且容易发生。即使已经非常理想的"求同存异"式的传播想象，其中也包含着"求同"目标的霸权与强权逻辑，彼得斯对于这种特权持批评态度："交流好，共有好，更多的共享更加好。这些看似明显的格言名句，如果不加检查，就会隐蔽太多的东西……交流已经成为政客和官僚、技术专家和治疗专家的财产，他们一个劲地想证明，自己是与人交流的行家里手。"[1] 学者卞冬磊对此的解读更加透彻，这些闪光的句子中隐藏着现代生活危机的根源，关联到现实生活中，就是如下的景象：在政客和官僚那里，交流失败的后果是制裁、控制或战争；在技术专家那里，解决问题的办法是发明更精细的沟通技术；在治疗和营销专家那里，交流则完全变成了心灵鸡汤。[2]

免于传播与交流的自由从另一个角度来看也就是免遭他人传播的自由，是对传统传播与交流前提假设的一次颠覆与开创，让人们珍视不同的人、不同的群体、不同的国家和文化之间的差异，尊重差异，减少将自己想法强行地传播给他者的行为，也就是降低了不同群体之间的冲突与隔阂。此时，也许在交流传播过程中对不可交流性的承认与尊重构成了一种更高层面的传播智慧。人们不必执着于传播的成功或者有效，不必孜孜不倦追求通过传播建立共同性，我们是否可以避免为了追求共同性而导致的"对立认同"的信任危机呢？从这个意义上说，在网络社

---

[1] 彼得斯. 交流的无奈：传播思想史［M］. 北京：华夏出版社，2003：5-6.
[2] 卞冬磊. 传播思想史的"两条河流"［J］. 国际新闻界，2016，38（8）：14.

交媒体和"后真相"传播时代,手拉手好过心连心。

第三节　互联网传播中的情感消费

情感需要是人的社会性需要的一个重要部分。所谓的情感需要,指的是向他人进行情感倾诉并从他人那里获得情感安慰和依赖的需要。例如,父母与子女之间、情侣或夫妇之间、朋友或亲戚之间等,都构成满足情感需要的相互性来源或对象。这种满足人们的情感需要的社会来源,可以称为情感的社会支持。

无论是情感的私密化,还是情感满足方式的匿名化和市场化,都是社会生活中人际情感关系淡化的反映。概括起来,作为人际情感关系淡化的结果,情感需要的社会满足方式发生了两个值得注意的变化。一是真实情感的社会来源的范围越来越狭小,被限定在私密空间;二是"虚拟"情感的社会来源的范围越来越大。这种虚拟的情感满足方式包括上述所讲的情感的匿名支持和市场支持,而真实情感的社会来源的萎缩反过来又促进了情感满足的虚拟化。在这一过程中,市场起了决定性作用。也就是说,在现代社会中,情感需要越来越以情感消费的形式来获得满足。

传统的情感支持多源于家庭以及家庭以外的邻里或社区,但现代网络的高度发展,满足情感需求的方式发生了很大的变化,比如真实情感的私密化、情感表达的匿名化和单向化以及情感市场化。传统的情感需要是双向的,即面对面的沟通方式,但是现在更多的人选择匿名表达或者获取情感满足,把自己的真实情感局限在自己的小圈子里,圈子以外的人无法获取圈子里面的人的情感输出或表达,又因为人们的这种情感的私密化,让人们把无法表达的情感寄托在"产品"或者"服务"上,情感的市场化带来的是情感"产品"的批量化,情感"产品"的批量化引起的是情感消费,由情感市场化带动的经济我们可以称为情感经济，而这种情感经济根源于当代人的情感虚拟。

就中国互联网的发展而言，有四次令人激动的飞跃。而第四次是从2015年到现在：我们实现了从"互联网+"到大数据时代的飞跃；从这四次飞跃的浪潮来说，可以反映出中国互联网的发展是相当迅猛的。再者，从2001年出现的2G网络到2019年的5G网络才18年。在这18年里，中国无线网络速度直线上升，这从技术层面也可以说明我们的网络发展的迅猛度。网络的快速发展在一定程度上加剧了情感的虚拟化，线上消费是当代最火热的商业消费方式，其加速了线上情感消费的发展。总而言之，网络的发展对情感经济的刺激巨大。

情感过度指的是重复多次地使用同类感情。在商品经济的宣传推销中，经常把情感当成一种吸引人的要素进行产品价值或者服务价值宣传。尤其是情感经济，更多地依托网络数字平台来宣传产品以及服务。产品宣传不可滥用情感，切不可为了追求所谓的销售量而一味地滥用情感以牟取暴利，比如同情、恐惧和内疚的滥用，会让受众对此类产品的感知度和反应度下降，此外，还会让受众对此类情感元素的有效性产生怀疑，那么，这类情感元素对受众的刺激会变得迟钝，也不会再为此而买单。这对于产品的宣传无疑是一种阻碍，对于该类产品或服务的长远发展无疑是一种挑战，也不利于情感经济的发展。

第四节　案例："进城者"媒介乡土建构中的情感与消费

在快速的城镇化过程中，如何在完全陌生的城市中处理曾经的农村社会生活方式、生活背景、生活记忆以及生活情感等，成为一个重要的课题。虽然人们进入城市想要彻底融入城市文化，但身后的乡土空间与乡土记忆总是难以轻易抹去。自费孝通使用了"乡土中国"的表述之后，"乡土"便成为描述中国社会特征的关键词汇。中国社会城镇化进程的快速发展，使"乡土"的指代对象逐渐从中国社会转向了中国农村社会，如今的乡土就是中国农村社会的代称，乡土不仅指向地理空间，也指向与之相匹配的文化与记忆。"乡土"一词及其指代范围的变化，是城市文化发展的结果，也是城市对农村的建构产物。

通过媒介，"进城青年"建构了一个媒介乡土空间，成为其乡土记忆的载体。本书以"情感转向"、媒介化社会理论为研究视角，对"进城青年"如何使用媒介进行乡土空间建构和乡土记忆重塑议题进行研究，探讨媒介在乡土建构中的生成机制与问题等。

一、相关理论与文献综述

（一）媒介化社会理论

媒介是最广泛意义上的知识的生产和传播机构，人们透过媒介来获得信息、形象以及观念，媒介成为大多数人了解共同的过去以及现在社会方位的主要来源，也成为确定我们在何处、我们是谁的地图，以及未来走向的问题的依据。① 互联网媒介已经渗透到日常生活的各个领域，网络媒介已经成为人们生活的重要参考点。媒介化理论的提出，就是基于社会与媒介如此密切的关系，媒介化研究成了当前传播学、社会学等学科重要的研究取向。

与传统媒介研究不同，媒介化理论强调的是在广泛的不同领域和不同层次上其他社会进程无法与媒介和技术相互分离。一方面，媒介渗透到日常生活实践当中；另一方面，媒介与社会、文化系统之间相互作用与影响。媒介化更多地集中在媒介形式如何"介入"当代生活的不同层面，特别是建制化的社会实践，如政治、文化、宗教和教育。② 而媒介化社会则强调了媒介与社会互动，受众依赖和信息需求是构建媒介化

---

① 周翔，李镓. 网络社会中的"媒介化"问题：理论、实践与展望[J]. 国际新闻界，2017，39（4）：137.
② 周翔，李镓. 网络社会中的"媒介化"问题：理论、实践与展望[J]. 国际新闻界，2017，39（4），39：140.

社会的关键，而媒体技术也为其提供了可能。

媒介化理论将媒介化视为与全球化、个人化等概念类似的一个元过程，以此来研究与媒介相关的社会变化。作为元过程的媒介化，它是一种动态变化的社会力量，深刻地影响社会与文化景观，并与全球化和个人化的浪潮产生共振。① 媒介不是传统意义上独立运作的社会机构，而是深刻嵌入其他社会机构运作当中，并成为社会、文化变迁的动力。

媒介化社会从微观层面来看，媒介与日常生活相互渗透，媒介化行为成为日常生活的重要部分，在媒介实践中表达信息、追求话语权，通过媒介来审视、重构自己的日常生活。在中观层面，媒介与社会结构相互作用，社会生产中的"逻辑""资源"等都受制于媒介，人们通过媒介完成信息表征、交往行为和关系建构，媒介成为人们社会生活的权力资源。在宏观层面，媒介影响社会文化，媒介实践成了社会文化实践的核心，进而会影响整个社会的价值观念。

（二）"情感转向"下的空间和地方性研究

在世纪之交，随着人文社会科学基本研究范式的演变，情感成了众多学科热议的话题，这是继"语言转向""文化转向"之后的又一次基本范式的调整，被称为"情感转向"。情感是人生活在世界上的基本属性，也是人类日常生活信息传播、空间建构的重要组成部分，在社会、经济、政治和权力过程中扮演着重要角色，影响着人们对于过去、现在和未来的认知。具体到本书，在媒介使用和乡土空间建构中本身就有内在的情感需求，情感是信息传播的动力和内容，也是社会关系的重要力量，情感甚至成为舆论、社会差异背后的重要驱动因素。"情感转向"使我们研究媒介、乡土空间等议题时增加了新的理论维度，凸显了"关系性""主体间性"等思想，提供了理解媒介与社会生活的新视角。

2001 年由安德森和史密斯正式提出的情感地理学（Emotional Geog-

---

① 周翔，李镓. 网络社会中的"媒介化"问题：理论、实践与展望 [J]. 国际新闻界，2017，39（4），39：141.

raphies）的概念，是情感转向的重要节点，他们倡导要重视情感塑造社会空间。由此，情感开始摆脱作为纯粹主观精神问题的范畴而走向广阔的社会——文化空间，空间性、开放性和关系性的情感也得到了确立。① 情感地理学代表人物 Davidson 等尝试从情感定位于身体和地方，从情感所处的位置、人与环境的情感联系和情感地理的具象化三个方面构建情感地理学的研究内容。② 也就是说，情感因素的引入，使地理学对空间的研究摆脱了纯粹的地理考察，融入了更多的文化、精神因素，人的情感成了空间布置和空间结构的重要考量。例如，对亲密空间（Intimate Spaces）的研究便是典型的例子。研究者着眼于人类日常生活中的亲密空间和情感空间，将亲密空间与同性恋、青少年和身体等话题相结合，探讨了空间与亲密情感的关系，认为身体、餐厅、文化风情区、网络空间等都充满了亲密性，通过身体、空间和情感实现了亲密性的流动。

乡土的记忆来自特定的地方，而地方是一种特殊的空间。地方（place）被认为是人类赋予了意义的空间，蕴含着丰富的人类经验，而人的空间经验则是建构、理解和解释地方的重要方式。③ 地方是承载着"人—地"的基本空间单位，是人类丰富情感的承载空间。在人文主义看来，地方性是人与自然环境在恒久的交互作用中，对地方的构成赋予的精神或特质，经由人的"主体创造性"活动而产生并发展的地表人文现象，并且在地表上塑造出一个区域的地方特色或乡土特色。④ 人与特定空间的交往以及形成的精神特质，是地方性的重要体现。地方景观、文化符号、文本等都是建构地方性的重要因素，以及由此产生的生

---

① 朱竑，高权. 西方地理学"情感转向"与情感地理学研究述评 [J]. 地理研究，2015, 34 (7): 1394.
② 朱竑，高权. 西方地理学"情感转向"与情感地理学研究述评 [J]. 地理研究，2015, 34 (7): 1394.
③ TUAN Y F. Space & Place: The Perspective of Experience [M]. Minneapolis: University of Minnesota Press, 1977: 1.
④ 潘朝阳. 大湖地方性的构成：历史向度的地理诠释 [J]. 地理研究报告（台湾），1996, 25 (1): 6.

活积累可以形成对地方的记忆、想象和认同,从而形成人与地方的情感,而具体的地方景观、叙事和特定的符号,是人们地方情感的重要物质载体和来源。地方性不仅是历史的产物,也是社会建构的结果,而情感是建构的重要手段,也是建构的重要结果,人们对于地方的认知更多表现在情感方面。因此,许多文化地理学者强调地方性对社会主体的情感意义,即地方性是特定人群的地方性,而人本主义地理学派强调由对一个地方有高度认同感的人来定义地方性才是最有文化意义的。[①] 从这个意义上来说,"人和地"之间的情感构成了理解地方性的重要考量,也是人们对乡土地方性难以割舍的重要原因。

二、研究方法

本书以情感、媒介化社会理论为研究视角,主要采用网络民族志的研究方法,对"进城青年"群体在媒介中对乡土空间的建构机制和问题进行研究。具体的案例选择、媒介形式、研究方法等说明如下。

首先,为了有一个更为直观、具体的研究对象,对"进城青年"采用个案研究。为了使其有代表性和典型性,个案的选择既要有一定的群体聚集,又要有浓厚的乡土情结,于是笔者将研究案例选择为宁夏固原市的"进城青年"群体。宁夏固原位于西安、兰州、银川三个省会城市所构成的三角地带中心,进城渠道较为多元,有前往西安、兰州的,但更多的是去向银川的,这里具备一定的群体聚集特点;其位于中国黄土高原的西北边缘,属于国家连片贫困地区,社会经济发展较为缓慢,有着较为显著的地理风貌和风土人情。而这些特点,使其成了良好的研究案例。

其次,在媒介形式的选择上,微信老乡群和家乡短视频成了固原"进城青年"连接乡土记忆的主要媒介平台,是进行乡土空间建构的主要媒介工具。经过筛选,笔者选择性地进入了3个固原"进城青年"

---

① 唐顺英,周尚意. 浅析文本在地方性形成中的作用——对近些年文化地理学核心刊物中相关文章的梳理 [J]. 地理科学, 2011, 31 (10): 1155.

老乡群进行参与式观察，并关注了固原"进城青年"经常观看的快手短视频账号"固原二狗""固原大城小事"等进行文本研究。

最后，在具体的研究方法上，除了进行参与式观察、文本分析，还通过线下和线上相结合的方式进行访谈。访谈一共选择了30位固原"进城青年"，为了使人员结构更为合理，其中15位为进城务工者子女，5位为大学生，5位为企事业单位工作者，5位为独立进城务工者。年龄为18~40岁，男性20位，学历从小学到研究生。访谈内容主要集中在三个方面：①在媒介上是如何关注故乡，以及如何处理乡土记忆的；②在媒介上乡土空间、乡土记忆的建构中，情感扮演着什么样的角色；③对媒介上的乡土有着怎样的体验效果。

三、故乡：基于情感需要的媒介乡土"地方性"建构

"进城青年"群体离开了原有的乡土社会而进入城市，其本身面临着物质上和精神上的双重压力，对于曾经的乡土空间他们呈现出了复杂的态度：一方面，他们急于摆脱身上的乡土气息与乡土烙印，想迅速融入城市生活；另一方面，曾经的乡土生活与关系网络又构成了他们生活的情感依托。正是在情感的需求下，"进城青年"在微信老乡群、快手短视频等媒介工具上，又自发地进行乡土"地方性"的建构，探寻着属于自己记忆的故乡。

（一）媒介乡土空间建构的情感动机

在对固原"进城青年"的观察与访谈中发现，情感需要是他们进行联结的重要动机，也是其乡土记忆生成和延续的重要因素。受到现实社会中经济、地位、生活、制度等方面的制约，"进城青年"在城市的生活中困难重重，遭受到了他者隔离、媒介隔离与自我隔离的处境。[1] 城市对他们来说，无论是地缘还是业缘，都很难向他们轻易敞开；在与

---

[1] 郑欣. 进城：传播学视野下的新生代农民工 [M]. 北京：社会科学文献出版社，2018：121.

原有的城市居民相处中，也存在着一堵看不见的墙，自身存在一定的自卑感，使其游离在城市的边缘，陷入一种"无根性居住"的状态。正是因为处于这种状态，在面对城市生活的困难时，乡土便成了他们进行精神休养的理想场所，情感需要便是这种老乡聚集和乡土想象的基本动力。从这个意义上来说，"进城青年"群体走入了"脱嵌—再入嵌"的社会化过程，即脱离农村生活进入城市的"脱嵌"过程，以及在城市生活中对农村社会回归的"再入嵌"想象。

情感需要是固原"进城青年"群体谈及故乡时的关键词，而孤独、悲伤和恐惧是他们思乡时的具体情感分类。也就是说，对于乡土空间和乡土记忆的联结，主要是发生在生活中悲伤、特定时节的孤独以及城市隔离中的恐惧等具体情感当中的。

> 在外面干活几个月，挺想家的。但是有时候遇上老板结账不利索，人就会很累，也觉得没啥意思，挣钱太难了。还是家里好，几间大瓦房，还有大院子，虽然没多少钱，但是心里舒服，也没那些烂事。（访谈对象M，工地工人，36岁）
>
> 出来干活主要吃不好，想家里的吃的，这边人和我们吃的不一样，总感觉吃不好。还有就是天气太热了，家里凉快。过来这边除了几个老乡，剩下的人也不说话，感觉有些无聊（孤独），家里那边有根，心不漂。尤其逢年过节的，就想家里的老人，也想去上个坟，外面没有根嘛。（访谈对象W，装修工人，29岁）
>
> 我媳妇是城市人，我大学毕业后留在这边工作，虽然我现在也是体制内的人，但是当年谈恋爱、结婚时，对方家长还是看不上，说农村人家里底子薄，思维意识上跟不上，婚后家庭负担重。他们这边人把我们固原人叫"山汉"，据我所知，这边本地人找对象不太愿意找南部山区（南部山区包含固原）的人。结婚这么多年了，虽然现在他们（媳妇家人）不在我跟前明说，但我还是能感觉到那种隔阂。（访谈对象B，事业单位工作人员，38岁）

值得指出的是，对乡土记忆的情感正是城市化进程的产物，乡土是基于城市化的语境而产生的。城市生活的困境与隔离，使原本从农村生活"脱嵌"的人，在情感需要的动机中重新与老乡通过媒介聚集，又一次在媒介空间中回归到了熟悉的乡土社会，成了他们城市生活之余的精神休养之地。

（二）媒介乡土"地方性"建构的实践路径

人类社会历经了口语媒介传播、文字媒介传播、印刷和电子媒介传播直至当下的互联网媒介传播，每一种媒介技术所具有的传播特征及其时空偏向，使其所形成的基于关系的传播组织形态有所不同。如果说以口语和文字为媒介的传播是强化互动和交往的人际传播，印刷、广播和电视等电子媒介形成的是工业社会以来的大众传播，那么互联网媒介则将我们带入了群体传播时代。互联网媒介因其独特的媒介属性，形成了一种无组织的组织力量，将信息带入了关系传播之中，打破了工业化时代形成的以广播、电视为代表的大众传播的垄断局面，将人们带入到了以"物以类聚、人以群分"的群体传播为主的多元传播格局之中。作为"无组织的组织力量"，群体传播是一种非制度化、去中心化的传播类型，缺乏明确的信息传播管理主体，其所具有的传播行为的自发性、传播权利的平等性、信息流动的交互性以及信息来源的不确定性等都是群体传播的主要特征。以手机为代表的移动网络媒介，通过算法推送、用户关系等机制，迅速为"进城青年"搭建起一个网络乡土群体和乡土空间。

固原"进城青年"关于故乡话题的媒介使用，主要包括微信老乡群和短视频，这也符合当下网络媒介的使用现状。通过访谈和观察，这样的媒介选择主要是基于以下几个原因：第一，微信和短视频是非常普遍的媒介应用，而微博、豆瓣、知乎等的使用程度普遍不如前者。第二，微信群和短视频便于进行图像、声音、视频的传播，也便于乡土的展示与建构。第三，部分"进城青年"受文化水平的影响，无法使用文字进行表达。

147

从传播机制上看,"进城青年"群体对媒介乡土空间的建构过程,是一个典型的群体传播过程:整个建构过程没有中心点和控制点,都是基于地缘因素而自发聚集和自发建构的,信息流动是交互的和多元的。在研究中发现,除了老乡群创建者,群的拓展和内容生成都是成员之间完成的,群主只是简单管理。而短视频的生成虽然有制作者,但也属于个体行为。具体来说,固原"进城青年"群体在媒介中对于固原乡土的"地方性"建构,主要借助视听语言,通过微信群和短视频来完成,具体的媒介实现路径主要包括对景观和重大活动的展示、方言的使用和群体成员的互动等方面。

第一,景观是地方性的重要内容,一个地方文化的独特性和地方意义很大程度上是通过景观呈现出来的,所以对过往景观的重构是恢复地方性的方式之一,"昔日的景观是内化的记忆与乡愁,为我们提供了文化的连续性"①。景观是最能寄托人的情感和文化认同的,也是人们对于乡土建构的主要手段和核心方式。在固原"进城青年"微信老乡群中,会有大量成员发布的关于家乡主要建筑、街道的图片和视频,构成了媒介乡土"地方性"最直接的表达手段。

> 每次看到群里有人回家时候拍的城门就感觉很熟悉,我们小时候经常在那里玩,当时没啥感觉,可是离开了之后在群里看到这些视频,反倒觉得那个地方和自己很亲近,好像是真正属于自己的地方。还有河滩那边,有人也拍了,当年觉得乱哄哄的,现在看着都很有感觉,想到以前很多事情。(访谈对象A,学生,21岁)

因为固原属于社会经济发展较落后的地方,在对微信群和短视频的文本分析中发现,对其景观的展示较成功的不是大型建筑和城市风貌,而是荒凉的黄土沟壑和陈旧的农村景象,这是与固原"进城青年"长期以来的深层次记忆密切相关的。在访谈中,大家比较感兴趣的视频内

---

① 高权,钱俊希."情感转向"视角下地方性重构研究——以广州猎德村为例[J]. 人文地理,2016,31(4):37.

容大多如此,他们较为喜欢观看的短视频大体都是这一类,经推荐笔者对其中较有影响的"固原二狗""固原大城小事"等快手账号进行了观察。"固原二狗"有51万粉丝,主要是以固原城乡为背景进行搞笑表演的账号,其内容中有大量关于固原城乡面貌和生活习惯的展示;"固原大城小事"有115万粉丝,主要以城市化视角进行街坊等视频创作,它们都成了固原"进城青年"中进城务工人员和随迁人员比较喜欢观看的视频类型。

> 有时候闲了看看这些(短视频),感觉好笑,说的也是我们那边的话,我们看着亲。还能看到以前那些房子、牛圈、麦草,都熟悉得很,我和这些(牛圈、麦草)都打了几十年交道,老家就这个样子么。(访谈对象G,随迁人员,20岁)

> 这边(银川)是平的,家里那边山大沟深,和这里不一样。我看这些视频的时候看到家里那些土路、山路,还是亲切。二狗的视频里面有一个慰问农村困难人员的,那里面一些(贫困、孤寡)人看得我难受,那些房子我小时候还住过。我看那些破旧的房子时候,老家的记忆一下子就回来了。

第二,社会生活场景和重大活动的展示是媒介乡土"地方化"建构的常见方式。社会生活场景包含风土人情、食物等,而重大活动主要是重要新闻事件、特定的节日等,都容易唤醒固原"进城青年"群体的乡土记忆。"地方"可以分为通过公共符号构建的地点,以及经由长期接触及日常经验而熟悉的地点。[1] 熟悉的生活场景和体验,是由与情感密切关联的物质环境所形成的,由此会带来对熟悉环境的认同。在对文本进行研究时发现,陈旧的房屋、泥泞的小路、热闹的市场等,通过短视频等方式被非常具体地展示了出来。访谈中很多人表达出了对熟悉场景的迷恋和深刻记忆。而重大活动则会通过仪式化传播来强化"进

---

[1] 段义孚. 空间与地方:经验的视角 [M]. 王志标,译. 北京:中国人民大学出版社,2017:24.

城青年"对乡土空间和乡土记忆的建构,这种重大活动包含重要的新闻或者节日等,如一些大型项目的落地、逢年过节等。从仪式的角度来看,可以将传播视为"以团体或共同身份把人们吸引到一起的神圣典礼",其目的是"建构并维系一个有秩序、有意义、能够用来支配和容纳人类行为的文化世界"[①]。对于固原重大事件或者重要活动的共同关注,本身构成了一种仪式,强化了人们对故乡的认同和情感。

> 有时候看见老乡们一起转发家乡的一些新闻,我也会跟着转发,大家都这么做呢。在快手上看到这些,我也会点赞,有时候也会评论,感觉固原人都在看,感觉大家挺团结的。(访谈对象M,工地工人,32岁)

第三,对极具地方色彩方言的使用成了媒介乡土"地方化"建构的语言手段。方言是地方文化的重要组成部分,也是地域文化最直接的表达方式。方言产生在一定的地域文化环境当中,体现出地方群体成员体察世界、表达情感的方式,是群体成员社会心态、文化观念和生活方式的重要承载媒介,也是群体对地方文化认同的关键因素。方言作为特定区域群体的内部交流语言,对外部则有一定的隔离,会增强地方化的属性。

在对固原"进城青年"进行观察时,发现他们对于方言的使用非常普遍,有以下几个特点:第一,他们在老乡之间的沟通交流基本都是用方言,并且在微信老乡群中聊天大量使用微信语音。第二,在"固原二狗"等快手短视频中,使用的方言极具地方色彩,甚至一些已经在现实生活中被抛弃的词汇和表达又被重新使用,用来建构媒介中的固原乡土空间。第三,在"固原大城小事"等快手视频中,会存在普通话和方言共存的情况,通过对比更加强化了媒介乡土"地方化"的特点。这种对于地方语言的使用,成功地营造出了一个媒介上的乡土空间,使得千里之外的"进城青年"能够沉浸在乡音之中。笔者曾经看

---

① 詹姆斯·凯瑞. 作为文化的传播 [M]. 丁未, 译. 北京: 华夏出版社, 2005: 28.

到一个访谈对象,在工作之余听着微信老乡群里面成员发的数百条语音,如同他身临乡土之中听着人们的家长里短,满足而惬意。第四,在群体成员的互动中共同建构媒介中的乡土空间。群体传播是一个没有中心点、自发且互动的传播过程,互动成为群体之间信息传播的关键力量。无论是微信老乡群的建立还是短视频的制作,对于发起者而言最重要的都是群体成员的关注和互动,互动本身构成了一种认同,是"进城青年"对媒介乡土"地方性"建构的推动力量。在对案例进行观察时,发现这种互动主要包括打赏、围观、评论、点赞、入群、关注等。

> 都是老乡么,进去看到了好玩的也会在群里发信息,在视频下面留个言,支持一下,也感觉到亲切,大家热热闹闹地一起聊一聊,都不说话要这个群干啥?(访谈对象I,工地工人,40岁)

四、异乡:媒介乡土的符号化表征与"异位空间"

媒介为我们提供了一条可以便捷建构起来的"乡土空间"之路,"进城青年"在其中可以舒缓对于乡土的思念之情,但媒介中的乡土是一种老瓶装新酒的"异位空间"(Heterotopic Space),"进城青年"在熟悉的媒介场景里嗅到了陌生的味道,探寻故乡的时候却最终走向了异乡。

(一)媒介乡土空间的符号化表征

在传统的乡村生活中,乡土的构成是建筑、道路、风光、味道、触觉等一系列感觉之物,身体在场是乡土记忆生成最重要的方式。身体的全方位感知,是人们对乡土最为迷恋的地方。而这也是具身性、情感转向等非表征理论,给我们的最大启发。

因为身体的"缺席"和互联网媒介的符号化传播特性,乡土空间的媒介建构必然也是符号化的表征。无论是景观影像还是方言语音,都是一种被选择和带有特定"表演"出来的符号表征。符号可以脱离身体而存在,通过有着时间偏向或者空间偏向的媒介穿越时空进行传播,符号比身体更为久远地流传下来。但符号有其自身的逻辑："符号强大的整合功能和组合能力将零碎、分散、随机、流动的信息组织成相对固定的文本。因为知识的本义并不是注视或证明，知识的本义是阐释，符号往往包含自己内在的增生机制。这样，书写符号为新一轮的符号创制、组合游戏制订了规则。"① 符号所具有的能指和所指，使符号虽然指向某种物体但并不是物体，符号只能指向符号自身，符号实现了福柯所说的"逆转了可见物与不可见物的关系"。正是因为如此，"符号作为传播媒介就像货币作为流通媒介一样，它只关心自身的增值空间和增值潜能，而将其与物的关系通道完全关闭"②。电子媒介虽说可以通过图像和影像来展现身体，但这种被展现的身体本质上是一种视觉化的影像，是表达特定的价值和特定文化的图像符号。互联网媒介与电子媒介相比，其对身体的依赖更紧密，身体也更容易出现在传播活动中，但依然没有从根本上改变符号化传播的本质。正因为如此，这与"进城青年"想象的乡土空间在本质上是完全不同的。

（二）媒介中乡土的"异位空间"

媒介对于乡土"地方化"的建构，很容易走向以景观表征以及外域文化的表达和提供外域文化体验的"异位空间"的营造。③ 也就是说，媒体中所建构的乡土"地方"空间，虽然营造了故乡的感觉，充斥了乡土的景观因素和生活痕迹，但其底层逻辑已经超越了乡土，是一种外域的视角对于地方乡土元素的重构，形成了熟悉而陌生的媒介乡土空间。

> 我不太爱看这些短视频，他们对家乡的表达太浮夸，或者过于贫瘠，或者故作高大，只不过是吸引点击量。我偶尔看到这样的视频会感觉很不舒服。（访谈对象T，公务员，35岁）

---

① 王彬. 现代传播的身体迷思 [J]. 符号与传播，2010（1）：68.
② 王彬. 现代传播的身体迷思 [J]. 符号与传播，2010（1）：70.
③ 高权，钱俊希. "情感转向"视角下地方性重构研究——以广州猎德村为例 [J]. 人文地理，2016，31（4）：38.

> 我看着觉得很熟悉，但是又很陌生。我不知道是不是我离开那边太久了？感觉那些场景很熟悉，但就是有一种说不清楚的陌生。（访谈对象 Q，研究生，25 岁）

对于空间的关注，是 20 世纪中期学术研究领域的重要议题，这时候形成了学术研究的"空间转向"，空间如何与社会实践相交织，空间性又是如何被"社会化的生产"始终是一个研究重点。媒介中乡土空间之所以是一种"异位空间"，是有着媒介和社会两层原因的。

媒介对于社会和空间最重要的影响手段便是"可见性"，有学者曾用"可见的仪式化维度"来研究电视媒介对于个体认同和社会整合的作用，电视屏幕将"它将遥远的空间和不可见的事物带到参与者面前，使参与者可以与之互动或者做出反馈"[1]。这也是"进城青年"通过媒介进行乡土空间建构的机制。作为人们生活的根本性物质向度的空间和时间，是一个非常概念化和复杂化的问题，而互联网新技术研究范式让空间和时间正被转化，对于空间和时间的理解难度增大。曼纽尔·卡斯特将具有历史根源和共同经验的空间组织称为地方空间（Space of Places，这也是我们对传统意义上的空间概念的理解），但当我们的社会经历着一种结构化的转变时，新的空间形式会出现。社会因为是围绕着资本、信息、技术、组织性交互和象征的流动而建构起来的，所以"流动空间乃是通过流动而运作的共享时间之社会实践的物质组织"[2]。人类、社会都是有着结构的时间。卡斯特认为，信息技术范式的变革导致了时间的转化，资本脱离了时间、文化，逃离了时钟，人类进入了共享的新时间性逻辑——无时间之时间，也就是时间的立即性。总之，在卡斯特看来，社会、空间与时间的物质基础正在转化，并环绕着流动空间和无

---

[1] 戴宇辰. 从"全景敞视"到"独景窥视"：福柯、拉图尔与社会化媒体时代的空间——权力议题再阐释 [J]. 国际新闻界, 2021, 43 (7)：19.
[2] 曼纽尔·卡斯特. 网络社会的崛起 [M]. 夏铸久, 等译. 北京：社会科学文献出版社, 2001：505.

时间之时间组织起来。① 也就是说，媒介社会和媒介中的乡土空间，已经不是那个传统意义上有历史根源和共同经验的物理空间。

而随着市场经济的发展和中国城镇化的推进，现代的生产方式和生活方式，已经让"进城青年"脱离了农业社会，对于乡土的建构成了城市化的结果，"进城青年"对于乡土的记忆本身就带着一种城市的眼光，这也是其"异位空间"的社会原因。

五、"元资本"：媒介乡土空间建构的逻辑与认同

"进城青年"群体在媒介上对于乡土空间的建构本来是基于情感需要的，想要在城市生活中探寻能够提供静谧、悠长的乡土慰藉的内容。但是如今媒介成为一种"元资本"，"进城青年"基于情感需要所进行的媒介乡土空间建构，终究逃不过资本的侵蚀，使对于故乡乡土的媒介想象最终化成了资本的情感消费，成了网络空间上"无根性居住"的群体。

（一）媒介资本视角下乡土空间建构的阐释

当下，包括乡村社会在内的众多领域不可避免的媒介化。媒介化即"媒介的效力开始渗透到曾经与之相分离的领域，并且以自身的逻辑改变这一领域既有的系统规则，使之不得不适应'媒介逻辑'的过程"②。媒介化是包含了不同社会过程的一个基础，整个社会也会呈现出依托媒介逻辑而形成的网络化特征。而"元资本"这一概念的提出，深刻揭示了媒介化的底层逻辑：媒介以"元资本"的形式与其他场域的权力形式勾连起来进而对其施加影响。③

在"进城青年"的媒介乡土建构中，以短视频、老乡群为主要形

---

① 曼纽尔·卡斯特. 网络社会的崛起 [M]. 夏铸久, 等译. 北京：社会科学文献出版社, 2001：576.
② 戴宇辰. 媒介化研究：一种新的传播研究范式 [J]. 安徽大学学报（哲学社会科学版）. 2018, 42（2）：147.
③ 李烨, 刘祖云. 媒介化乡村的逻辑、反思与建构 [J]. 华南农业大学学报（社会科学版），2021, 20（4）：99.

式的网络媒介,已经扩散到了使用者的各个层面,深度参与建构了"进城青年"对故乡的感知与记忆,网络媒体从生活、文化、消费等层面深刻嵌入了乡土空间的建构实践中,在实际过程中不可避免地与资本缠绕在一起。从这个意义上来看,乡土建构的媒介化逻辑,实际上是媒介作为"元资本"在"进城青年"和乡土社会中的运作逻辑。无论是乡土空间的生成还是乡土空间的传播与消费,资本都是这种媒介实践的核心动力。

一方面,对于"注意力""关注力"的追求,是乡土建构媒介生产实践上的重要动力。媒介通过对乡土时空的重组,实现不同个体跨越时空的虚拟聚集;通过图片、视频、语音等个体感官系统来打造乡土形象,在传播中实现符号资本的积累;综合考虑社会发展过程中"进城青年"的文化需求,投其所好满足情感需要,建立对乡土的情感认同;当用户关系积累到一定程度则完成了符号资本的"权力兑换"。媒介乡土空间建构是资本推动下的媒介产品生产。虽然说短视频制作者本身也是当地人,但对资本的追逐是其视频生产、制作和传播的核心动力。访谈中,制作者都会考虑点击率,在这个逻辑下进行内容设定,所以出现了前文所述的过分表达贫困、偏僻方言的使用等情况。

另一方面,对于身份的确认和情感的依托,是乡土建构媒介消费实践上的重要原因。媒介中乡土空间的景观、符号与文本,是资本推动下的消费空间,实质上是一种被消费的地方性。"进城青年"以"半城市人"的身份对媒介乡土空间进行情感消费。"进城青年"虽然未能彻底融入城市,但也很难回到农村人的身份,成为"半城市人"。虽然在城市中有着乡土认同,但在媒介上观看曾经的乡土空间时,便有了一种与乡土的"隔阂",他们对乡土空间的情感想象沦为了媒介乡土空间生产的一种工具,成了为消费者提供怀旧、追求历史感等后现代文化体验的重要资本。通过这种情感消费,"进城青年"完成了一个超现实空间的乡土消费体验,既满足了对乡土的思念,也体验了城市人视角下对乡土的审视。

在高度的乡村媒介化过程中，网络媒体变革了人们对乡土记忆的生成。就在这种乡土空间的媒介实践中，媒体逐渐拥有了对乡村进行符号解域的合法性，也通过媒介完成了对乡土结构模式的市场化入侵。

(二) 媒介乡土空间情感消费中的认同

"进城青年"在乡土空间消费的媒介实践既然是一种资本消费，那么这种消费其本质则是这个群体对于身份认同的建构。媒介乡土的"异位空间"背后，是"进城青年"群体在城市、乡土中身份认同的复杂交错，在对媒介乡土空间的"观看—被观看"的供需关系中建立起了关于自己身份的想象，是他们获取身份认同和社会资本的媒介实践。一方面，他们进入城市，在对现代性的追求过程中充满了对城市生活的认同，是关于自身身份和未来规划的理性合法性认同，通过对这些已经严重失真的"异位空间"的观看，以一种脱离媒介当中乡土空间的心态来进行情感消费，在观看与消费中建立其城市化和市场化的现代身份认同，是一种对乡土空间抗拒性认同的媒介实践。另一方面，在城市生活中的困境与隔离，"进城青年"又很难彻底融入城市生活，这使他们又通过媒介来建构和记忆乡土空间，在媒介虚拟空间疏解情感，是一种对城市困境的抗拒性认同媒介实践。而最为诡异的是：在对乡土记忆想象时，他们又对媒介中乡土的"异位空间"形成了新的抗拒认同。乡土容不下身体，媒介中的乡土空间容不下精神，而城市又不能彻底融入，使"进城青年"最终成为"无根性居住"的人。

"进城青年"所建构起来的媒介乡土空间，从生产、传播到消费，都是一场情感消费，都是"进城青年"对自身身份的认同和对社会资本的渴望。也就是说，"进城青年"在乡土空间建构的媒介实践中，社会的媒介化和媒介的"元资本"化使这一建构过程的底层逻辑都是与乡土背道而驰的，媒介中的故乡已成异乡。

第九章

情感传播的舆论治理及主流舆论引导力建设

"后真相"时代"事实"的唯一解释性被消解,所有的人都可以参与事实的"塑造",在某种意义上是把对"事实"的解释权还给了每个人。另外,"后真相"的确带来了非理性,但这并不意味着非理性都是不好的。在莫斯科维奇看来,"是幻觉引起的激情和愚顽,激励着人类走上了文明之路。在这方面,人类的理性反倒没有多大用处,它既不能带来音乐,也不能带来美术"①。

第一节 网络舆论治理的理论范式转向

勒庞认为,民众的非理性才是历史前进的深层动因,尽管理性永远存在,但文明的动力仍然是各种感情,就像尊严、自我牺牲、宗教信仰、爱国主义以及对荣誉的爱这些东西。但问题是"后真相"时代我们应该如何将泛滥的情感宣泄进行有效引导,发挥非理性的最大价值,实现社会新型共识。从这个意义上说,破解"后真相"的是"后共识","后共识"并非对事实真相本体的共识,而是对真相表达方式的共识,要实现后共识必须重构舆情1.0时代的社会治理范式,构建"后真相"时代的舆情治理"后秩序"。

---

① 塞奇·莫斯科维奇. 群氓的时代[M]. 许列民等,译. 南京:江苏人民出版社,2006:32.

一、思维范式转变：用意见的"正和博弈思维"来代替"零和斗争思维"

"后真相"带来了社会分化、焦虑和撕裂，但这并不是必然会发生的，即使发生，其烈度也可以以缓和的形式出现，处理的方式不能硬碰硬，更不能劈头盖脸地单向度打击别人，偏执化地维护自己。"后真相"时代柔性思维更为重要，因为情感相比事实就是柔性的。舆情管理不能总想着剥夺别人发言的权利而令自己的声音更大来压制反对声音，这是一种"零和斗争思维"，最终往往造成多输的结局。近些年的舆情热点事件会发生"次生危害"，主要的原因：一是对舆情势能的简单压制，二是公权力强力介入公共话语讨论。代替"零和斗争思维"的是"正和博弈思维"，该思维认为博弈中的双方利益都将增加，至少一方利益增加，而另一方利益不受损害。由此出发，就会把如何促进意见共识和对话放在首位，会通过合作、协商、妥协来博弈。"正和博弈思维"其实也是一种增量思维，在通过"正和博弈思维"创造增量的同时，要注意增量分配适度向相对弱势的意见群体倾斜，以矫正当前社群意见过于分散的状态。"正和博弈思维"有利于正向对冲情绪宣泄泛滥的现实，增加社会意见竞争的柔性。同时要不断对当前舆情治理思维和方向进行反思，避免舆论走向极端，以此寻求意见的和合之道，以及情绪宣泄的引导之法。

虽然网络舆论与理想的公共领域相距极远，网络舆论常常是非理性情绪的表达，甚至也不排斥少数沆瀣一气的极端分子过分自信与言语暴力的存在。但是，舆论危机爆发之时大量公众被卷入政治事务评论之中，无论其态度如何，都怀着对事件的关注心态希望政府能够对事件做出积极的回应。这种参与的激情为政府与公众之间的真诚交流打开了一个缺口，也为拉近政府与公民之间日益疏远的距离创造了契机。只要政府态度是明智的，只要政府丢弃空洞的官僚主义式独白的话语，就有可能利用其网络资源的优势及时对事件做出反应。在特殊时刻开启真诚的对话，重新设置舆论的议题，及时改变舆论发展的方向。这样，不仅可以稀释危机效应，把危机所带来的损害控制在小范围之内，而且还可以通过真诚的对话起到教化公民的作用；在新的基础上重塑政府形象重构政府与公民的相互依赖与相互信任关系，使政府与公众之间的关系在一个新的高度上得到更好的发展。

二、治理路径选择：破除社群的"回声室""意见气泡"负效应，建构重叠共识

社交网络时代，社会的组成单元不再是一个个孤立的网民个体，而是一个个抱团的社群，进入群体传播当中，舆情治理客体发生了根本性变化，以往针对个体形成的舆情应对模式从根本上失去了效力。只要是圈子就会存在"回声室"效应——信息被圈子壁垒不停地重复反弹，以至于无论该信息是否真实，圈子内的每个人都最终会相信，并且圈子外部的任何信息，都很难在这个圈子中传播或者不会到达圈子中——"回声室"使圈子内部产生"意见气泡"，不同圈子之间又各说各话，呈现出了群体内部同质化和群体外部异质化的传播特点，很容易出现观点极化和同质化。要改变这种极端现象，主要有两个途径：一是打破"回声室"，让圈子里的人看到更大的世界，"让装睡的人没法睡得好"，让数字部落里松动的人慢慢走出去，主要路径是将各个圈子的共识进行显性化展示，进而重叠共识；二是凝聚各数字部落，解除"部落"中的身份枷锁及"偶像必定是对的"等偶像化误解，在整个社会范围内构建对话平台，放大优势意见，寻找最大公约数，建构最大共识。

政府要加强信息公开，通过信息公开破解信息"回声室"。在网络中人们只会选择与自己观点相近的信息，而缺少不同经验的彼此分享。所以，关于事件的不同版本的解说在网络之中经过一段时间的流传之后，会很快地朝向极端的方向发展，这时要再控制舆论已经不可能了。负面舆论出现之时，政府唯一的选择只有真诚公布信息，满足并维护公众的知情权。为了防止网络以讹传讹现象的扩展，防止小道消息四处流传,及早化解公众不满情绪,政府在事件之初就应当公开信息,将事件的真相、历史渊源、处理办法及早公之于众,及早缓解舆论的压力,为争取重新设置议题、引导舆论的发展方向、化解危机创造良好的条件。

三、话语空间重构:警惕后真相与民粹主义"合谋"

群体传播是"后真相"的底层框架,情感是后真相的纽带,这恰恰与网络民粹主义异曲同工。莫斯科维奇认为:"人类这种东西不能承受太多的真相。群体所能承受的就更少。一旦人们被聚集在一起,并融为一个群体,他们就失去了各自的鉴别力……他们理解的唯一语言是那种绕过理性,直接向灵魂讲述的语言,这种语言所描述的现实比实际的情况既不更好,也不更坏。"[①] 在他看来,人们在民粹主义的运动中,不仅失去了鉴别力,而且丧失了理性。情感逻辑是驱使网民行动的逻辑,很容易让大众热血沸腾、热泪盈眶或义愤填膺,从而失去判断力,在狂热的围观之下以庸俗正义之名集体作恶。因此,需要警惕后真相与民粹主义"合谋"。"随着平民意识的觉醒,以及精英与大众之间裂痕的加大,平民大众不再将自身的权利诉求于精英与政客,并开始走向政治前台。"民众的崛起已经成为现代性社会的重要政治现象。因此,必须将民粹表达与精英话语之间的冲突限定,在现有政治秩序的轨道之内发泄与平息,这才是未来舆情治理要义所在。

舆论危机虽然具有突发性,但这并非与日常预警没有任何关系。政府舆论危机的本质是政府形象的危机。危机爆发与政府公信力、政府形象有着密切的关系。政府公信力越低,在公众之中形象越差,特殊事件引发舆论危机的可能性就越大。对于政府而言,加快电子政务建设的步伐,充分利用政府网站的平台,及时了解民情、掌握公众价值观念的动态,及时发现政府日常工作中存在的问题,并及时根据公众要求调整服务方式,满足公众的要求,这对于提高政府公信力、塑造政府形象是极

---

① 本尼迪克特·安德森. 想象的共同体:民族主义的起源与散布 [M]. 吴叡人,译. 上海:上海世纪出版社,2005:167.

其有必要的。建立日常预警机制，有专人负责网络信息的处理，及时做出回应，及早化解矛盾。

四、底层技术支撑：从技术角度化解互联网的耗散结构

从人类发展的历史来看，技术的发展是个动态平衡的过程，是在"平衡—不平衡—再平衡"的状态下演进的，具有耗散结构特性。以往的技术都是在人类原有操作系统上的一个个"应用"，而互联网的媒介技术改变的是社会结构底层的人际关系，这已经成为整个社会的操作系统和基础设置，它不是简单地嵌入而是重构和彻底格式化原有的社会系统。同时互联网作为一种新技术也具有自平衡属性，有研究者对技术持一种悲观态度，认为算法技术让资本和技术"合谋"，通过"大数据""智能化"的推送模式帮助人们做决定，人人都成为"被投喂的怪兽"。但从历史的角度来看，新技术带来了"后真相"及其相关的问题，但这些问题也可以由技术本身来解决，从技术的角度化解技术的问题。

网络社会有着与传统社会不一样的权力结构。传统社会中，政府、社会精英等是权力的拥有者，政府可以利用其权力推行社会秩序，管理舆论及其发展方向。在这些方面，其他力量不可能与政府相抗衡。而网络拓扑结构是平面式的，而且每个节点之间都有着众多的联系通道。这种"去中心化"的四通八达的快速便捷的信息传递使网络中任何一个信息节点都不可能成为唯一的信息垄断者。这就导致了网络化时代政府信息垄断的地位已经不复存在，政府话语垄断权力被平等互动的对话解构了。网络社会分散的传播节点使话语权的争夺永不会停息。在网络之中，谁在信息上占据了主动地位谁便是话语权之争的胜利者，也是网络传播的意见领袖。但这种胜利也不是永久的，话语权之争不会因为一方的胜利而迅速平息，也没有谁可以保证成为永远的意见领袖。因此，积极争夺话语权，重新设置舆论议题对舆论危机的解决至关重要。

第二节　互联网时代主流媒体舆论引导力建设

一、坚持媒体融合发展，建设协同高效的全媒体传播体系

随着传媒业的不断发展，各大主流媒体为了在激烈的竞争中占据有利地位，纷纷开始建设媒体融合发展，通过"报、网、端、微、屏"各种资源实现全媒体传播。并且运用新技术探索将人工智能在新闻采集、生产、分发、接收、反馈中提高新闻传播的效率，以及将无人机航拍、虚拟视频、无线全景等新技术运用到视觉呈现方面。同时将新闻的采编发和再造集中在一起，打造"中央厨房"，以此加快融合发展的步伐。

人民日报社就新媒体中心在融媒体发展领域发力，逐步实现了用户的全方位覆盖，在传播的全天候延伸和服务的多领域拓展上颇有成效，实现了多平台的有效结合。同时开辟新思路打造新节目，如《麻辣财经》《一本政经》《侠客岛》《学习大国》，这种在理念思路、体制机制、方式方法上的创新，让人民日报社在推动媒体融合发展上加快了步伐。这些成功的案例依然值得学习和推崇，让更多的主流媒体大胆运用新技术、新机制、新模式，加快融合发展的脚步，实现宣传效果的最大化和最优化。

二、巧用舆论引导技巧，担当"舆论领袖"

媒体在报道方式上不宜过度追求单一，应创新多种报道方式，把真正有价值的新闻传递给人民大众。一方面，利用主流媒体的权威性和公信力，在事件发生时用理性客观的分析去引导舆论；另一方面，要在改文风、转会风、强调实干精神方面多下重手，避免空谈博论，也要在维护普通百姓的利益方向上多以普通百姓的视角观察问题，用群众简明易懂的方式阐述观点，通过平易近人的态度平等交流，只有这样才能更好地引导控制舆论。以央视新闻为例，在播报新闻时一改以前严肃刻板的语气，央视主持人朱广权以轻松幽默的方式进行新闻播报。同时在微信表情包专区推出"央视小猪"系列表情包产品，使中央电视台不再那么高高在上，变得更加接地气、更加时尚，大大增强了其作为主流媒体的舆论引导力。

当前，广大的受众已经成为社会重要信息源，新媒体上来自受众的社会舆论信息具有不可忽视的影响力。主流媒体需要适时地吸取并利用这些新媒体中的舆论资源，不断扩大自身舆论引导的影响力。在新媒体浪潮的冲击下，许多传统的主流媒体都纷纷开办自身的网站、微博、微信等新媒体平台，快速及时地发布信息，并积极地与受众交流互动，提高受众的媒介忠诚度。《人民日报》、新华社、中央电视台等主流媒体都先后开通官方网站、微博、微信等新媒体平台，掌握舆论话语权，扩大主流媒体舆论引导的影响力。传统的主流媒体与新媒体联手，借助新媒体传播优势快速及时地捕捉舆论信息，了解公众舆论的走向，还能帮助受众辨别事件信息的真伪。新媒体时代的主流媒体要做好舆论的把关人，根据舆论的实际情况主动设置议题，科学地引导社会主流舆论。

三、宣传社会主流声音，承担主流媒体责任

媒体最重要的职能就是对党和政府的执政和行政行为进行宣传和说明，这一特殊职能要求媒体必须有"正气"，要主动承担起应有的社会责任，懂得抓住社会发展过程中迫切需要解决的问题，在社会重大事件面前不退缩，坚持时间性原则，把握事件的新闻价值。主动承担起传承先进文化、促进社会和谐稳定等使命，应势而动，根据党和政府近期的活动积极采写新闻，同时抓住要点，增强新闻的接近性和可读性。在传播信息中要让思想性得以体现，使全体人民在社会大局上保持一致，在三观问题上保持同行，坚持党性原则，努力培育和弘扬社会主义核心价值观和社会正能量，只有这样我们的社会才能更加团结和繁荣。

传统的主流媒体以其全面、深入、权威、客观的报道吸引着人们的关注，受众对传统主流媒体的信任度远高于新媒体。在新媒体环境下，虽然传统主流媒体的中心地位受到了来自新媒体的挑战，但是传统主流媒体的权威性和公信力仍然超过新媒体。虽然当前很多人已经习惯从新媒体中获取信息，但是在一些重大事件中，人们还是更愿意查看主流媒体以获得对信息的核实。在新媒体环境下，传统的主流媒体在舆论引导上仍然能够发挥积极的作用。传统的主流媒体可以在社会舆论热点问题上迅速地反应，抢先设置议程，主动地以正确的价值取向引导人们的观念。主流媒体在进行舆论引导时，应该注意透过新闻现象的表层引导人们进行深入的理性思考，并以受众易于接受的语言和传播方式呈现，坚持正确的价值取向，增强主流媒体舆论引导的渗透力。

四、践行群众路线，塑造可信度和亲切感

每个地方区域都有自己独特的文化特色和凝聚当地社会群体的精神核心，这是一种"文化母体感"，当然每个国家、每个民族也都有自己的"文化母体感"，它让人们感觉到天然的亲切和归属。所以媒体在进行新闻宣传时应当找准当地的历史文化、风土人情，将其展现出来，让受众可以看到、可以听到、可以感受到，引起受众情绪的共鸣，并且使受众在观看新闻的过程中产生强烈的认同感和归属感。

主流媒体应该关心群众所关心的问题，不能对涉及群众的事件不闻、不问、不报，要勇于就社会问题进行调查报道，践行群众路线，增强媒体的可信度和公信力。随着手机、网络等新媒体的普及，除传统媒体的主流舆论场之外，还催生了民间舆论场，两者相互影响。作为传统的主流媒体来说，必须适应新媒体时代的传播环境，关注信息传播活动中公众的需求，关注民间舆论，适时地根据受众的兴趣点设置舆论话题，充分发挥主流媒体对社会舆论的引导作用，同时也能够使公众的知情权和表达权得到进一步满足。

五、坚持依法治网，使信息传播在法治轨道上运行

随着网络时代的飞速发展，我国现有的法律已经远远不能适应当今新媒体的需求。其主要表现：网络舆论立法存在真空区域，缺乏管理网络权威性的法律；过分重视对网络言论的管制，在一定程度上忽视了对网民言论自由等权利的保护；对网络舆论违法行为的认定没有做出详细解释，相关部门在执行过程中具有较大的随意性。这一现状，不利于网络舆论的治理。因而，政府亟须建立健全相关法律法规，保障和规范网络社会的合理秩序。一方面，在网络环境下为克服网民在"超自由"状态下形成的无政府倾向，政府需要规定网络舆论的权利和义务，对违反法律法规的行为做出数量上与性质上的规定，在保障公民言论自由的同时，做到立法在先，未雨绸缪；另一方面，主流媒体要明确相关法律法规，需要在他律的基础上保持自律。一是要科学、专业、准确地评判信息属性，二是要完善信息来源、发布、反馈的过程，三是要依据网络传播的实际情况以及外国成熟的法律推动我国法律法规的制定与实施。

同时，要依法加强网络社会管理，推进网络法治建设，规范网上信息传播秩序，整治网络淫秽色情和低俗信息，打击网络谣言和违法犯罪，使网络空间清朗起来。从一个侧面来说，要汇聚网民正能量，就要规范网络秩序，对负面舆论进行监管。

第三节 案例：互联网时代中国纪录片创作的国家认同与情感表达

一、政治经济学视野下的网络纪录片

自2004年乐视网诞生以来，作为网络视频重要内容类型的纪录片便受到了互联网媒介技术的深刻影响，使纪录片在创作、美学、理念等方面呈现出了显著变化。虽然纪录片的创作变化是基于互联网媒介技术

的，但如果忽略了互联网媒介在中国发展的现实语境，以及其所导致的社会群体认同和情感传播，则可能陷入技术决定论的泥淖，无法把握纪录片发展的"国家、媒介、市场、社会"的多重维度。正是基于这样的考虑，本书以政治经济学的理论视角来审视互联网媒介及近些年我国纪录片创作中的中国立场与情感表达。

互联网自诞生以来，对于网络本身媒介属性的探讨成为学界的主流，而忽视了互联网发展的现实语境。互联网的发展和普及，使其已经成为广义政治经济体系中的一个重要部分，其所处的政治经济背景会制约和影响传播技术的应用。任何将传播技术与社会经济、社会文化、社会需求孤立开来的讨论，都是缺乏整体性的研究视角。正如丹·席勒从互联网与市场体系的关系入手，认为"电脑网络空间远未将我们带入一个高科技伊甸园；相反，市场体系正在借助其中为人熟知的作用迅速将其征服。无处不在的计算机网络与现存的资本主义相结合，大大拓宽了市场的有效范围。实施上，互联网恰恰是由一个跨国程度日渐提高的市场体制中的核心生产与控制工具组成的"①。西方批判学者通过研究互联网媒介的技术发展历史，发现了其中的历史、社会和政治经济因素，指出了互联网媒介与资本主义的关联："互联网的发展本来可以以更多形式展现，但最终还是不断地接受经济和政治力量的塑造。最终，互联网在相对较短的时间内被改变，在公司和政府的坚决干预下，遵照新自由资本主义倡导的消费主义和竞争规律从一个非商业的信息交换技术改造成为一个高度商业化的私有和贸易交易的工具。"② 这些研究都指明对互联网的研究不能仅局限于技术层面。

在互联网发展的中国语境中，同样也是如此。中国互联网从开端到普及更多受到政府的主导，也就是说，互联网的快速发展和管理都受到中国政府的深刻影响。香港中文大学邱林川认为，中国的互联网与西方

---

① 丹·席勒. 数字资本主义 [M]. 南昌：江西人民出版社，2001：8.
② Freeman：A technological idiot? Raymond Williams and Communication Technology [J]. Information, communication and society, 2002 (5)：425-442.

社会有很大的差异,其是在"更加严格地控制环境下被培养、定型以及参与竞争的"①。互联网进入中国社会,必然与中国社会发展、社会文化密切相关,赵月枝认为,中国互联网是由"根深蒂固的专家治国主义和技术民族主义理性所激发,主要由军事和工业的需求以及国内官方利益群体、国际资本、城市中产阶级消费喜好等复杂的利益关系所驱动。"② 从这个角度来看,中国互联网绝不仅仅是一个单纯的媒介技术,其必然与国家、受众、市场、经济等因素密切相关。

纪录片作为一种有着鲜明特征的视频类型,在互联网时代必然也受制于网络技术和政治经济影响,需要在国家、媒介、市场、社会的多重视角中去考察。梳理近些年我国纪录片的创作,无论是电视纪录片还是网络纪录片,其创作都呈现出了鲜明的"互联网"时代特征,突破了"纪实""真实"等传统美学追求,体现出了鲜明的国家认同和情感表达特征,而这正是与互联网媒介技术、中国社会心态等密切相关的。

二、中国立场:互联网时代我国纪录片创作中的国家认同

互联网媒体的普遍应用,并没有实现人们早期所预想的弥合"认知鸿沟"的美好愿望。相反地,人们在认知、交流和对话过程中,呈现出了强烈的群体诉求与群体传播,与当今社会的民粹主义、民族主义、地区保护主义和种族主义同步崛起。互联网媒介的抗拒式认同建构功能与中国社会快速发展背景下民众的国家认同需要,使得中国立场成为近些年我国纪录片创作的突出特征。

(一)互联网时代的群体传播与认同

互联网媒介因其独特的媒介属性,形成了一种无组织的组织力量,将信息带入关系传播之中,打破了工业化时代形成的以广播、电视为代

---

① 邱林川. 中国的因特网:中央集权社会中的科技自由 [A]. 见:曼纽尔·卡斯特. 网络社会:跨文化的视角 [M]. 社会科学文献出版社,2009:107-136.
② 赵月枝. 传播与社会:政治经济与文化分析 [M]. 北京:中国传媒大学出版社,2011:2.

表的大众传播的垄断局面,将人们带入了以"物以类聚、人以群分"的群体传播为主的多元传播格局之中。任何一项技术发明如果能够在人们的生活中迅速普及且深入嵌入生活场景当中,这种技术本身就已经具备了满足人们某些需求的基因,技术的兴衰背后总关乎人们的需求。互联网群体的形成除媒介平台的技术因素外,还在于其契合了人们的群体化生存需要,既是现实社会群体关系在互联网中的延伸,又有人们因网结缘的群体聚集,人们在互联网时代又回到了"姆庇之家"之中,形成了一股"无组织的组织力量"。

网络群体的认同主要是抗拒性认同(resistance identity)和规划性认同(project identity)抗拒性认同是社会最重要的一种认同方式,如民族主义、宗教激进主义、地域共同体所表达的都是"被排斥者对排斥者的排斥",是对支配性制度建构出来的防卫性的抗拒性认同。而规划性认同是指社会行动者构建一种新的身份,重新定义他们的社会地位,从而寻求一种基于任何现有文化材料的全面的社会转型认同。

(二)中国立场:互联网时代我国纪录片的国家认同建构

互联网媒介对于群体建构与认同建构有着显著的功能,信息传播进入群体化传播当中。中国社会通过改革开放四十余年的发展,在社会经济生活当中取得了巨大成效,民众对于国家的自豪感与自信心不断上升。加之长期以来包括纪录片在内的文艺表达具有较强的西方视角,使中国民众对原有纪录片精英式、观察式、西方式的创作理念有所反感,社会以极大利用原有纪录片创作方式的抗拒式认同心态来表达中国话题、中国观点的纪录片。

首先,涌现了大量关于中国发展主题的纪录片,强化了中国社会发展变化的内容。对中国主题的表达,一直是我国纪录片的重要题材选择,如《望长城》《话说长江》等。但是在互联网社交媒体快速发展的2004年之后,出现了更为显著的关于中国发展主题的纪录片创作高峰,如《超级工程》《航拍中国》《大国重器》《我们这五年》《创新中国》等,通过中国基建、中国科技等内容,与以往纪录片相比,具有更为强烈的正面性和积极性,与民众对国家的自豪感的遥相呼应,强化了民众对国家的认同。

其次,出现了很多关于中国视角的纪录片,表达了中国态度与中国立场。在传统的纪录片创作中虽然内容是中国的,但其有着强烈的精英视角和西方视角,对中国态度与立场彰显不足。在2006年播出的纪录片《大国崛起》中,虽然内容是对葡萄牙、西班牙、荷兰、英国、法国、德国、日本、俄罗斯、美国等国家崛起历程的展示,但其创作是基于中国发展崛起的需要,具有鲜明的中国视角和中国针对性。进而,在2017年播出的《大国外交》《强军》等纪录片中,以更为直接且显著的态度阐释了中国特色外交、中国特色强军的立场。与此同时,在网络原生纪录片中,2013年优酷联合极限情侣张昕宇、梁红打造的《侣行》、2014年的《冒险雷探长》等纪录片,则是以民间的普通中国人视角观察和展示世界,充满了中国立场和态度。

最后,媒体创作了众多关于中国普通民众生活的纪录片,展现了中国社会发展繁荣后的悠然与自信。如果说对中国社会发展主题和中国立场的明确表达,是一种互联网时代民众对国家认同的抗拒式认同体现,那么这种普通生活纪录片更多地展示出了民众对自身生活关注的悠然与自信,是对自己生活本身的规划性认同建构。以2012年《舌尖上的中国》为代表,我国纪录片的创作更多聚焦于日常生活,如美食、出行、职场等,如《人生一串》《守护解放西》《派出所的故事》《小主安康——宠物医院》《生活如沸》《我在故宫修文物》《风味人间》等,内容丰富多彩,呈现出了强烈的日常生活化特点,充满人间的坚守和温情。

无论是中国发展、中国视角还是中国生活的纪录片表达,都是有着互联网媒介技术与中国社会发展需求的多重原因。互联网媒介的普及,使纪录片从创作到发行均发生了很大变化,这让纪录片原有的"精英"创作群体和受众群体都不复存在,网络技术的赋权让纪录片的创作与观看进入更为普遍的群体层面。而互联网媒介所固有的群体建构,使纪录片创作也呈现了群体化的要求，而反映在中国社会发展层面，就使对于中国社会崛起的国家认同和对于民众自身生活的关注成为当下纪录片创作最广泛的社会心理需求。

三、情感表达：互联网时代我国纪录片创作中的表达转向

无论是在互联网媒介还是群体传播过程中，情感都成为网络信息传播的主要诉求与传播动力，情感化表达是互联网的重要特征，而对情感的表达与关照，是互联网时代我国纪录片创作的重要转向。

（一）互联网群体传播中的情感

互联网群体传播中，对于个体的凸显以及情感化（包含情绪）表达是网络媒介的重要特点。一方面，网络社会抗拒性认同是具有较强情感因素的认同机制，情感是其核心因素。抗拒性认同是通过对他者排斥建构起来的，而情感是其主打因素。曼纽尔·卡斯特指出，以种族为基础的民族主义、宗教激进主义、民族主义者的自我确认，都是"翻转了压迫性话语词汇的引以为豪的自我贬低，表达的都是被排斥者对排斥者的排斥"[1]。另一方面，互联网媒介对于个体个性的尊重，使得个体可以摆脱原有社会群体限制，情感性因素成了主要的认同机制。互联网的匿名性使个体可以暂时脱离原有社会群体对个体的束缚与压制，个体可以在互联网空间中凸显个体特性，并可以通过基于大数据的算法推送，使有着共同爱好、兴趣、态度的人结成新的群体。在网络中，大量的社会认同是通过转发、评论等方式进行的，方便且快捷地表达着自己的意见，或赞同或反对，或接受或排斥等，通过感性层面进行群体认同与群体区隔，"不能把网络社会表象仅仅理解为是个体表象及群体表象的汇集，网络社会表象是具有自身主体（社会主体）的感性意识，并因

---

[1] 曼纽尔·卡斯特. 认同的力量 [M]. 曹荣湘, 译. 北京: 社会科学文献出版社, 2006: 8.

此具有与个体表象和集体表象不同的特点和功能"①。

互联网群体传播的情绪传播和情感认同的发生机制与形成路径，主要包含话语共意、身份共意和情绪共意三个部分，这也是网络社交时代媒体的传播基座。话语共意是"创造一种交流的公共话语，是网民在交流、沟通过程中，参与的各方共同赋予话语符号以意义，并借助这些符号建构起来彼此理解的桥梁，塑造对事件的共识"②。身份共意是"公众在信息传播与沟通过程中所表现出来的身份特征，通过相同或相近观点的表达达到拥有相近身份的目的"，情感共意即"网民在面对同一公共事件时产生的相同或类似的情感"③。互联网时代的纪录片创作也是在这种路径中进行情感表达的。

（二）情感表达：互联网时代我国纪录片从"纪实"到"情感"的转向

自20世纪90年代，纪实美学成为电视纪录片创作者所秉持的艺术价值追求，将纪实性作为电视纪录片区别于电影纪录片的美学分割点，我国纪录片进入纪实主义风格的创作当中。然而在2000年前后，纪实主义创作在中国呈现出了一定的疲态，冷静、客观且无过多情感表达的纪录片风格无法获得市场的广泛接受，被限于高学历、高收入、高审美等精英群体当中。为了打破这种僵局，电视纪录片后期试图引入戏剧美学和技术美学，通过场景再现、扮演等手法来弥补纪实性创作的不足，如《新丝绸之路》《颐和园》《故宫》《复活的军团》等，但终究在纪录片业内的争议与市场的不认可之间草草收场。随着互联网的普及，当下纪录片创作深受互联网媒介的影响，已经搁置了"真实""纪实"等创作追求，转而对情感的追寻与表达成为互联网时代纪录片的新型创作

---

① 刘少杰. 网络化时代社会认同的深刻变迁 [J]. 中国人民大学学报, 2014, 28 (5): 67.
② 谢金林. 情感与网络抗争动员：基于湖北"石首事件"的个案分析 [J]. 公共管理学报, 2012 (1): 90.
③ 焦德武. 微博舆论中公共情绪形成与传播框架分析——以"临武瓜农之死"为例 [J]. 江淮论坛, 2014 (5): 30.

特征。

首先,主观化和风格化的个性情感视听表达,是当下纪录片创作中情感表达的话语共意。互联网时代的纪录片在视听语言表达上,有着较强的主观化和风格化,这种视听语言特征与传统纪实风格视听语言相比较,不是一种客观、冷静、超越式的"观看",而是呈现出了更为强烈的交流性和沟通性,拉近了与受众之间的距离,形成了纪录片视听语言上的话语共意。如在《舌尖上的中国》《人生一串》等纪录片中,镜头不再是人和物之外的记录者,而是以人或物的"模拟者",充当着人或物,镜头也成了"食物",模拟食物进入嘴里的视角,让观看的人有强烈的代入感。同时,也有大量的自拍式镜头,突破原有纪录片客观的视角,形成了强烈的个人风格。

其次,小入点与低视角的平等身份情感表达,构成了纪录片与观众之间的身份共意。互联网时代的纪录片在叙事角度上采取了小切入点和低视角的表达,使观众容易拥有较强的身份认同与情感带入。纪录片中的人如同自己一样,其中的故事也如同自己的经历,脱离了传统纪实主义纪录片对社会小众、底层群体的俯视视角。如《我在故宫修文物》《假如国宝会说话》《早餐中国》等纪录片中,通过对不同职业和对象赋予普通人、普通事的小切入点和低视角叙事,来展现平凡工作中的温馨与坚守,容易获得观众对自身身份的共意。

最后,互动感和时代感的双向情感反馈表达,是当下纪录片创作中的情感共意。互联网时代的纪录片具有强烈的互动感和时代感,通过对时代的把握和与影片的互动,实现观众的情感共鸣与情感宣泄。传统纪实主义纪录片的创作是一种"冷眼旁观"的纪录,对于情感的表达非常克制,与当下纪录片强调情感表达的创作截然不同。如 2019 年播出的《人生一串(第二季)》以"您几位啊""不够再点""回头再来"等分集名,为全片增添了生活气息和代入感。在片中,通过"请把某某打在公屏上"等解说语,实现与观众互动。在结束时,观众自发在屏幕集体刷出"谢谢款待",通过互动实现情感的共鸣。

无论是话语共意、身份共意还是情感共意，都是互联网时代的媒介属性与民众情感诉求在纪录片创作上的反应。互联网媒介的群体化传播和纪录片受众群体的变化，使纪录片从原来的情感克制转化为情感狂欢，而这也是中国社会极大发展之后民众情感表达诉求的写照。

    当互联网被纳入中国社会生活当中，技术与政治、经济、文化等因素共同决定着互联网的发展与走向。这正如当下中国纪录片一样，必定会在互联网与中国社会的互动实践中持续发展。任何技术的普及，其背后总有人性的需求。互联网时代中国纪录片所呈现出来的中国立场与情感表达，正是互联网媒介和社会经济快速发展下中国民众的国家认同与情感诉求的写照。

    这种对于情感与认同需求的表达本身没有任何问题，但从政治经济学宏观视角来看互联网时代纪录片创作中的认同与情感表达，其背后或许有另外一些值得我们关注的问题。仅就目前来看，执着于认同与情感表达的纪录片，恰恰陷入了对受众市场、受众爱好、受众情感的过度迎合当中，被商业机构和市场所利用，过度陷入资本逻辑当中。此外，对于情感的表达同时如何衡量纪录片本身的核心价值追求，也是一个重要课题。传统上，我们将"真实"认为是纪录片的价值坚守，但是当我们一味追求情感表达时，情感是否能够成为纪录片的核心力量？纪录片真正的诉求和力量，应该是立足现实土壤，凝聚社会共识，与社会形成良好互动。然而，当下的纪录片创作能否从"真实"转向"情感"，或者说纪录片的情感表达是否能够如此直接简单，以及其在纪录片中的位置，都需要持续地探讨。

参考文献

一、中文类著作

1. 埃里克·麦格雷. 传播理论史：一种社会学的视角 [M]. 刘芳, 译. 北京：中国传媒大学出版社, 2009.

2. 林文刚. 媒介环境学：思想沿革与多维视野 [M]. 何道宽, 译. 北京：北京大学出版社, 2007.

3. 尼尔·波兹曼. 娱乐至死 [M]. 章艳, 译. 桂林：广西师范大学出版社, 2004.

4. 曼纽尔·卡斯特. 网络社会的崛起 [M]. 夏铸久, 等译, 北京：社会科学文献出版社, 2001.

5. 威尔伯·施拉姆, 威廉·波特. 传播学概论 [M]. 陈亮, 等译. 北京：新华出版社, 1984.

6. 邵培仁. 传播学导论 [M]. 杭州：浙江大学出版社, 1997.

7. 郭庆光. 传播学教程 [M]. 北京：中国人民大学出版社, 1999.

8. 哈罗德·伊尼斯. 传播的偏向 [M]. 何道宽, 译. 北京：中国人民大学出版社, 2003.

9. 丹尼尔·贝尔. 意识形态的终结：50年代政治观念衰微之考察 [M]. 张国清, 译. 南京：江苏人民出版社, 2001.

10. 张真继, 张润彤. 网络社会生态学 [M]. 北京：电子工业出版社, 2008.

11. 戴维·斯沃茨. 文化与权力：布尔迪厄的社会学 [M]. 陶东风, 译. 上海：上海译文出版社, 2006.

12. 保罗·莱文森. 思想无羁 [M]. 何道宽, 译, 南京：南京大学出版社, 2003.

13. 李友梅, 等. 社会认同：一种结构视野的分析 [M]. 上海：上海人民出版社, 2007.

14. 曼纽尔·卡斯特. 认同的力量 [M]. 曹荣湘, 译. 北京：社会科学文献出版社, 2006.

15. 让·波德里亚. 消费社会 [M]. 刘成富, 等译. 南京：南京大学出版社, 2000.

16. 吴莹. 文化、群体与认同：社会心理学的视角 [M]. 北京：社会科学文献出版社, 2016.

17. 约翰·杜翰姆·彼得斯. 对空言说：传播的观念史 [M]. 邓建国, 译. 上海：上海译文出版社. 2017.

18. 伊曼努尔·列维纳斯. 总体与无限 [M]. 朱刚, 译. 北京：北京大学出版社, 2016.

19. 丽莎·唐宁, 莉比·萨克斯顿. 电影与伦理：被取消的冲突 [M]. 刘宇清, 译. 重庆：重庆大学出版社, 2019.

20. 埃德蒙德·胡塞尔. 笛卡尔沉思与巴黎讲演 [M]. 张宪, 译. 北京：人民出版社, 2008.

21. 克莱·舍基. 未来是湿的：无组织的组织力量 [M]. 胡泳, 沈满琳, 译. 北京：中国人民大学出版社, 2009.

22. 谭天. 媒介平台论：新兴媒体的组织形态研究 [M]. 北京：中国人民大学出版社, 2016.

23. 乔治·莱考夫, 马克·约翰逊. 我们赖以生存的隐喻 [M]. 何文忠, 译. 杭州：浙江大学出版社, 2015.

24. 易中天. 闲话中国人 [M]. 北京：华龄出版社, 1996.

25. 杜伟伟, 等. 中国俗文化研究（第 5 辑）[M]. 成都：巴蜀书社，2008.

26. 特伦斯·霍克斯. 结构主义和符号学［M］. 瞿铁鹏，译. 上海：上海译文出版社，1997.

27. 兰德尔·柯林斯. 互动仪式链［M］. 林聚任，等译. 北京：商务印书馆，2012.

28. 罗钢，等. 文化研究读本［M］. 北京：中国社会科学出版社，2000.

29. 特里·伊格尔顿. 沃尔特·本雅明或走向革命批评［M］. 郭国良，等译. 南京：译林出版社，2005.

30. 曼纽尔·卡斯特. 网络社会：跨文化的视角［M］. 北京：社会科学文献出版社，2009：107-136.

31. 赵月枝. 传播与社会：政治经济与文化分析［M］. 北京：中国传媒大学出版社，2011.

32. 本尼迪克特·安德森. 想象的共同体：民族主义的起源与散布［M］吴叡人，译. 上海：上海世纪出版社，2005.

33. 段义孚. 空间与地方：经验的视角［M］. 王志标，译. 北京：中国人民大学出版社，2017.

34. 詹姆斯·威廉·凯瑞. 作为文化的传播［M］. 丁未，译. 北京：华夏出版社，2005.

35. 郑欣. 进城：传播学视野下的新生代农民工［M］. 北京：社会科学文献出版社，2018.

36. 李强. 当代中国社会分层［M］. 北京：生活·读书·新知三联书店，2019.

37. 威廉·詹姆斯. 心理学原理［M］. 田平，译. 北京：中国城市出版社，2010.

38. 彼得斯. 交流的无奈：传播思想史［M］. 何道宽，译. 北京：华夏出版社，2003.

39. 诺伯特·维纳. 控制论［M］. 郝季仁，译. 北京：科学出版社, 2009.

二、中文类期刊

1. 陈敏哲, 白解红. 汉语网络语言研究的回顾、问题与展望 [J]. 湖南师范大学社会科学学报, 2012, 41 (3).

2. 隋岩, 曹飞. 论群体传播时代的莅临 [J]. 北京大学学报（哲学社会科学版）, 2012, 49 (5).

3. 喻国明, 等. "个人被激活"的时代：互联网逻辑下传播生态的重构——关于"互联网是一种高维媒介"观点的延伸探讨 [J]. 现代传播（中国传媒大学学报）, 2015, 37 (5).

4. 彭兰. 场景：移动时代媒体的新要素 [J]. 新闻记者, 2015 (3).

5. 隋岩, 李燕. 论群体传播时代个人情绪的社会化传播 [J]. 现代传播（中国传媒大学学报）, 2012, 34 (12).

6. 王焱. 灰段子的狂欢表征、意义及其限度——以巴赫金狂欢化诗学为视角 [J]. 文艺争鸣, 2013 (6).

7. 周志强. 段子文化中的政治心理 [J]. 人民论坛, 2010 (18).

8. 陈国海, Rod A. Martin. 大学生幽默风格与精神健康关系的初步研究 [J]. 心理科学, 2007 (1).

9. 张莹瑞, 等. 幽默的心理学研究 [J]. 中国临床心理学杂志, 2008 (4).

10. 李龙骄, 等. 贬损型幽默：笑声能化解敌意吗？[J]. 心理科学进展, 2022, 30 (3).

11. 樊水科. 从"传播的仪式观"到"仪式传播"：詹姆斯·凯瑞如何被误读 [J]. 国际新闻界, 2011, 33 (11).

12. 胡易容, 等. "'沉默'传播"：中国古代"讳文化"的普遍符用学阐释 [J]. 国际新闻界, 2021, 43 (9).

13. 陈世民. 幽默的社会理论及其应用研究 [J]. 心理科学, 2012,

35（3）.

14. 徐兴岭. 从语用预设理论视角看笑话效果的产生［J］. 海外英语，2018（11）.

15. 蔡辉，等. 西方幽默理论研究综述［J］. 外语研究，2005（1）.

16. 自国天然. 情之所向：数字媒介实践的情感维度［J］. 新闻记者，2020（5）.

17. 袁光锋. 迈向"实践"的理论路径：理解公共舆论中的情感表达［J］. 国际新闻界，2021，43（6）.

18. 查理斯·齐卡，张广翔，周嘉滢. 当代西方关于情感史的研究：概念与理论［J］. 社会科学战线，2017（10）.

19. 马广军. 后真相时代网络社交媒体传播技术因素研究［J］. 新闻战线，2017（18）.

20. 刘少杰. 网络化时代社会认同的深刻变迁［J］. 中国人民大学学报，2014，28（5）.

21. 谢金林. 情感与网络抗争动员：基于湖北"石首事件"的个案分析［J］. 公共管理学报，2012，9（1）.

22. 焦德武. 微博舆论中公众情绪形成与传播框架分析——以"临武瓜农之死"为例［J］. 江淮论坛，2014（5）.

23. 姚晓鸥. 面容媒介、道德意识与人际交往关系：基于现象学的交互主体性分析［J］. 新闻与传播研究，2020，27（1）.

24. 王协顺，等. 自发性知觉经络反应中产生刺麻感和积极情绪的原因［J］. 心理学探新，2021，41（2）.

25. 王彬. 现代传播的身体迷思［J］. 符号与传播，2010（1）.

26. 高权，钱俊希. "情感转向"视角下地方性重构研究——以广州猎德村为例［J］. 人文地理，2016，31（4）.

27. 戴宇辰. 从"全景敞视"到"独景窥视"：福柯、拉图尔与社会化媒体时代的空间——权力议题再阐释［J］. 国际新闻界，2021，43（7）.

28. 戴宇辰. 媒介化研究：一种新的传播研究范式［J］. 安徽大学学报（哲学社会科学版），2018，42（2）.

29. 李烨，刘祖云. 媒介化乡村的逻辑、反思与建构［J］. 华南农业大学学报（社会科学版），2021，20（4）.

30. 唐顺英，周尚意. 浅析文本在地方性形成中的作用——对近年文化地理学核心刊物中相关文章的梳理［J］. 地理科学，2011，31（10）.

31. 潘朝阳. 大湖地方性的构成——历史向度的地理诠释［J］. 地理研究报告（台湾），1996，25（1）.

32. 周翔，李镓. 网络社会中的"媒介化"问题：理论、实践与展望［J］. 国际新闻界，2017，39（4）.

33. 卞冬磊. 传播思想史的"两条河流"［J］. 国际新闻界，2016，38（8）.

34. 龚群. 后真相时代与民粹主义问题——兼与吴晓明先生唱和［J］. 探索与争鸣，2017（9）.

35. 全燕. "后真相时代"社交网络的信任异化现象研究［J］. 南京社会科学，2017（7）.

36. 喻国明，等. ASMR广告的传播效果：基于认知神经科学的视角［J］. 中国心理学前沿，2019，1（10）.

三、其他

1. 中国互联网络信息中心. 第49次中国互联网络发展状况统计报告.（2022-2-25）

2. 赵会凤. 当代段子研究［D］. 泉州：华侨大学. 2011.

四、外文类文献

1. KLAUSEN H. B. The ambiguity of technology in ASMR experiences: Four types of intimacies and struggles in the user comments on YouTube［J］.

Nordicom Review, 2021, 42 (S4).

2. MICHELE Z. Ambient Affiliation in Comments on YouTube Videos: Communing Around Values About ASMR [J]. Journal Of Foreign Languages, 2021, 44 (1).

3. MARTINEAU W H. Chapter5-A model of the social functions of humor. In J. H. Coldstein (Ed.), The psychology of humor: Theoretical perspectives and empirical issues, 1972

4. FREUD S. Jokes and their Relation to the Unconscious [M]. New York: Norton, 1905.

5. CURCO C. Some oberservations on the pragmatics of humorous interpretations: A relevance-the oreticapproach [J]. UCL Working Papers in Linguistics, 1995 (7).

6. COOPER C D. Elucidating the bonds of workplace humor: A relational process model [J]. Human Relations, 2008, 61 (8).

7. LUTZ C, WHITE G. The anthropology of emotions [J]. Annual Review of Anthropology, 1986 (1).

8. UTE F, et al.. Emotional Lexicons: Continuity and Change in the Vocabulary of Feeling [M]. Oxford: Oxford University Press, 2014.

9. SOLOMON R C. Ture to our feelings: what our emotions are really telling us [M]. New York: Oxford University Press, 2007.

10. WETHERELL M. Trends in the turn to affect: A social psychological critique [J]. Body & Society, 2015, 21 (2).

11. BARRATT E L, DAVIS N J. Autonomous sensory meridian response (ASMR): A flow-like mental state [J]. Peerj, 2015, 3: e851.